요리가 빛나는 순간
마이 테이블 레시피
———————————

박수지

MY NEVER — ENDING COOKING STORY

PROLOGUE
요리는 바로 치유다

누구도 인생을 예측할 수는 없지만 지나고 나서 생각해보면, 그것이 마치 필연이었던 듯 놀라게 되는 순간을 마주하곤 한다. 요리에는 관심도 없었고 요리할 줄도 몰랐던 내가 단 하루도 요리가 없다는 것을 상상할 수도 없는, 그야말로 내 삶의 일부이자 모든 것이 되어버린 게 신기하기도 하지만, 동시에 내 지나온 삶을 돌이켜 보면 요리가 내 숙명이 되어버렸던 토양은 이미 다져지고 있었다는 사실을 여러 가지로 확인할 수 있었다.

당신이 하는 일 때문에 많은 나라를 다니면서 자신이 체험한 것을 자식들에게도 물려주고 싶었던 자상하고 섬세한 아빠 덕분에 정말 다양한 음식을 먹으며 자랐다. 그것이 지금 요리하는 내게 얼마나 귀중한 자산이자 문화적인 유산인지를 이해하고 깨닫는 데는 오랜 시간이 걸렸지만, 거의 30년 전 대한민국 밖을 나간다는 것이 매우 생소했던 그 시절, 잠도 덜 깬 내게 이것 좀 어서 일어나 먹어보라 하시던 다소 흥분되고 격앙된 아빠의 목소리가 지금도 생생하게 기억난다. 눈도 못 뜨던 내가 쿰쿰하고 꼬릿한 냄새의 핑크빛 얇은 종잇장 같던 햄을 먹고는 얼마나 정신이 번쩍 차려질 정도로 소스라치게 놀랐던지. 차라리 그것은 문화적인 충격에 가까웠다. "이게 이탈리아 사람들도 귀한 음식이라 여기는 '빠르마 햄'이란다."

나중에 안 사실이지만 덩어리째 사들고 온 빠르마 햄의 정체는 이제 한국인에게도 꽤 익숙해진 '프로슈토 디 빠르마 prosciutto di Parma'였다.

내 안에 알게 모르게 스몄던 이런 영향 때문인지 20대 시절엔 맛있다는 곳이면 하루가 멀다 하고 찾아갈 정도로 먹는 것에 대한 호기심이 강했고, 맛있는 음식을 발견할 때의 그 짜릿함은 내 인생에 있어서 큰 즐거움 중 하나였다. 또래 여자애들이 다른 나라에 가면 가방과 신발에 열광할 때 나는 마트부터 둘러보는 것도 모자라 2 ~ 3시간 탐험(?)을 해야 직성이 풀렸고, 다른 사람들이 면세점에서 산 비싼 명품가방을 신주단지 모시듯 들고 다닐 때 나는 하나 둘 심혈을 기울여 고른 시리얼cerea과 티박스tea box가 구겨질까봐 손에 들고 다니는 마치 '별종'처럼 여겨질 정도로 뼛속부터 요리할 운명을 타고났는지도 모르겠다.

이전보다 더 살기 좋은 세상이 되었고, 먹을 것은 넘쳐나며, 가보아야 할 곳도 해보아야 할 것도 너무 많은 그런 시대를 살고 있지만 행복한 삶을 살고 있는 사람은 오히려 더 많지 않아 보인다. 부모님이 말씀하신대로 열심히 공부하고, 성취하고, 부와 명예를 축적한 사람들이 많아졌지만 그들의 내부는 공허하고, 외로우며, 남들 보기에만 그럴듯한 삶인 경우가 많아졌다. 나 역시도 그랬다. 열심히 양적으로 성장하는 삶을 살았고, 사랑하는 남자와 달콤하게 연애하고 결혼하여 예쁜 두 아이들을 키우며 남들 보기에는 제법 훌륭한 삶을 살고 있었지만 스스로 느끼기에 행복하지 않았다. 늘 꿈꾸기를 좋아하고, 호기심 많고, 성취하는 삶을 살고자 노력했던 내게 결혼은 이제껏 경험해보지 못했던 소중한 경험을 안겨준 동시에 한번도 경험해보지 못한 좌절감도 맛보게 해주었다. 엄마와 아내로서의 삶이 매우 행복하면서도 오롯한 인간으로서의 나, '박수지'라는 이름을 잃어가는 것에 대한 고민은 아마도 결혼을 하고 전업주부가 된 누구라도 느꼈을 법한 일이다. 당연히 지나갈 과정이라고 생각하기에는 잃어가는 정체성에 대한 불안과 고민이 나는 매우 컸었다.

시간이 흐르면 흐를수록 그 수많았던 꿈과 삶의 이상 같은 것들은 빛을 잃어가고, 내 삶은 남편과 아이들을 내보내고 집을 청소하고 저녁을 만들고 설거지를 하며 드라마를 보다 영영 끝나버릴 것만 같았다. 그렇게 극심한 성장통을 겪으면서 조금이나마 내 정체성을 찾을 수 있도록 한줄기 희망의 빛이 된 것이 '요리'였다. 제대로 요리를 배워보고 싶다는 열망은 나의 가슴을 뛰게 하는 신선한 동기를 부여했고, 오감을 자극하는 향과 빛깔로 갖가지 요리를 만들던 작은 부엌은 온전한 나만의 공간이 되었으며, 맛있는 음식은 따뜻함을 가득 주는 위로가 되었다. 그러나 무엇보다 내가 만든 요리를 맛보며 행복해하는 가족과 친구들의 얼굴을 볼 때 나는 생생하게 살아있다는 것을 느꼈고, 내 삶은 보다 성숙하고 깊어졌으며 많은 소중한 의미가 채워지는 그런 것이 되어가고 있었다. 이제와 생각해보면 재료를 사고, 요리를 하고, 맛보고, 나누어 먹는 그 모든 행위가 나에게는 바로, '치유'였던 것이다.

나의 이 작고 소박한 요리이야기가 나에게 그랬듯 누군가에게 희망이 되고 기쁨이 되길 바란다. 즐겁고 따뜻했던 맛의 기억을 떠올리면서, 고단하고 퍽퍽한 삶이 위로받고, 이 거친 세상을 헤쳐 나갈 힘이 되어준다면, 요리하는 일 만큼이나 내게 큰 기쁨이 아닐 수 없을 것 같다.

PROLOGUE
요리는 바로 치유다

EPILOGUE
몇 번이고 보게 만드는
진솔한 요리책

TABLE EPISODE 01
AVOCADO
아보카도

아보카도 고르기　12
예민하게 다루어주세요　14
첫 인사, 아보카도와 친해지기　15
트러플Truffle？　17
- 트러플 소금으로
　우아한 아침 즐기기　20
아보카도 스무디　22
과카몰리　24
아보카도 허머스　28
아보카도 샌드위치　32
콥샐러드　36
아보카도 랩　40
- 토르티야의 매력　43
- 케사디야　44

TABLE EPISODE 02
MEAT
고기

맛있는 소고기 고르기　52
셀프 숙성　53
뵈프 부르기뇽　54
스웨디시 미트볼　60
- 제철 과일로 잼(콩포트) 만들기　70
- 베리콩포트　72
프렌치 어니언 수프　74
궁중 갈비찜　78
셰퍼드 파이　82
반미　86
발사믹 등갈비　90
볼로네제　94
함박스테이크　100

TABLE EPISODE 03
EGG
달걀

달걀의 필요충분 조건　110
삶은 달걀의 매력　111
프렌치 토스트　112
- 브리오슈　115
에그 인 더 미들　118
에그 베네딕트　122
- 홀랜다이즈 소스가
　빛나는 요리　125
레몬 커드　126
- 나이젤 슬레이터　129
이튼 메스　132
크렘 블레　136
노른자장　140
갈레트　144
수란 없은 웜샐러드　148
이탈리아 오믈렛 프리타타　154
자완무시　158

TABLE EPISODE 04
CHICKEN
치킨

신선한 닭 고르기 168
생닭 손질하기 169
치킨 카치아토레 170
스티키 레몬치킨 176
야키도리 180
뿔레로티 184
치킨 시저샐러드 188
레모니 치킨가스 192
치킨 수프 196
- 치유의 한 그릇,
  미네스트로네 200
치킨 브로스 204

TABLE EPISODE 05
SEAFOOD
해산물

새우스캠피와
병아리콩 페스토 샐러드 214
봉골레 파스타 218
클램 차우더 224
솔 뫼니에르 230
그라브락스 234
- 연어 베이글 샌드위치 238
뻬쉐 240
브뤼셀식 와인홍합찜 246
- 토마토소스 홍합찜 250
- 크림소스 홍합찜 250
- 홍합 짬뽕 252

TABLE EPISODE 07
CHOCOLATE
초콜릿

가토 오 쇼콜라 300
- 초콜릿 글레이즈 303
초콜릿 퍼지 브라우니 306
- 즉석 아이스크림 310
- 그라나타 312
- 바나나 플랑베 313
초콜릿 치아씨드 푸딩 314
초콜릿 마들렌 318
초콜릿 가나슈 컵케이크 324
퐁당 오 쇼콜라 330

TABLE EPISODE 06
TOMATO
토마토

카프레제 샐러드 260
토마토 볼레네제 라자냐 264
- 리코타 치즈 만들기 268
아마트리치아나 파스타 270
토마토 마리네이드 274
파르미지아나 디 멜란자네 278
페퍼 토마토잼 284
해독 주스 288
- 내가 체험한 '주스 디톡스' 292

TABLE EPISODE 08
MY KITCHEN TOOLS STORY
도구와 재료

스켑슐트의 매력 336
나의 스타우브 사랑 342
내가 사랑하는 요리 도구 346
애정하는 식재료 354

TABLE EPISODE
01

AVOCADO
아 보 카 도

아빠는 젊은 시절, 3년 동안 엄마를 줄기차게 쫓아다니셨다고 한다. 그 당시 꽤 키도 크고 훈남이셨던 아빠가 비교적 평범하고 수수한 엄마의 어떤 매력에 끌리셨을까 가끔 궁금하기도 하지만, 사실 아빠는 엄마에게 반한 것도 사실이거니와 처음 엄마의 집을 방문하던 날, 정원에서 안경을 쓰고 『타임』지를 읽으시는 외할머니께 강렬한 인상을 받으셨다고 한다. 이렇게 지적이고 선한 인상을 가진 분을 '어머니'로 두었다면 딸이 반듯하게 잘 자랐을 거란 생각에 마음이 흐뭇하고, 엄마에 대한 사랑이 더 견고해지는 그런 느낌이 드셨다고 한다. 그런 외할머니에 대한 아빠의 사랑은 각별했다. 7남매를 둔 외할머니가 미국으로 이민 가는 막내딸을 따라 20년 넘는 세월을 외국에서 지내시는 동안, 마지막 여생만이라도 한국에서 모시고 싶다고 늘 입버릇처럼 말씀하셨던 아빠는 1993년 겨울 정말 외할머니를 한국으로 모시고 왔다.

외할머니는 스무 명이 넘는 손주 중에서 나에 대한 사랑이 각별했다. 눈만 마주쳐도 사랑 가득한 웃음을 보내주시던 여든이 넘은 할머니께서는 늘 아침에 아보카도를 드셨다. 잘 익은 아보카도를 반으로 잘라 가운데 동그랗게 박힌 씨를 칼로 싹 돌려 빼고, 숟가락으로 퍼서 간장에 찍어 드셨다. 그 당시 고등학생이던 다 큰 손녀딸의 입에 넣어주던 큼직한 아보카도의 남다른 부드러운 풍미가 간장의 짭조름한 맛과 그렇게 잘 어울릴 수가 없었다. 부드럽고 약간 느끼한 맛은 버터와도 비슷했고, 다른 식재료와 곁들이면 아주 강하게 자신의 존재감을 각인시키면서 함께 어우러진 재료의 맛을 묘하게 업그레이드시켰다. 그렇게 아보카도는 내가 가장 사랑하는 식재 중의 하나가 되었다.

그 당시만 해도 아보카도는 매우 귀해서 백화점에나 가야 살 수 있었다. 사실 지금도 우리에게 그다지 친숙한 과일은 아니다. 기껏해야 롤에 넣어 먹거나, 멕시칸 요리가 유명해지면서 알려진 과카몰리 정도가 우리가 아는 아보카도의 대표 요리라고나 할까. 그렇게 귀한 과일이다 보니 늘 아보카도가 떨어지지 않게 준비해 놓으셨던 아빠의 외할머니에 대한 마음이 애틋해진다. 그렇게 인생에서 가장 행복한 6개월을 한국에서 보낸 외할머니는 그 해 여름이 되기 전 세상을 떠나셨다.

그래서인지 아보카도를 보면 따뜻하고 조용하고 웃음이 많으셨던 외할머니와, 극진하게 외할머니를 모셨던 아빠의 마음이 생각나 아릿하고 애틋한 마음에 지나치지 못하고 꼭 한두 개는 집어 들고 집으로 돌아오곤 했었다. 7년 전 대형 농수산물시장과 매우 가까운 곳으로 이사한 적이 있다. 집 근처 큰 시장에 들락날락거리기를 좋아하던 나는 빼놓지 않고 아보카드를 검은 봉지 가득 사오곤 했었다. 그래서인지 아보카도를 맛있게 먹을 수 있는 레시피가 한 페이지를 가득 채울 정도로 많다.

사실 사람들은 이렇게 맛있는 아보카도를 낯설고 생소하다고 멀리하곤 한다. 아보카도가 그 자체만으로 과육의 맛을 음미하기엔 좀 어려운 식재료일지 모르지만, 다른 재료와 섞이면 자신은 물론 다른 재료의 품격도 올려주는 과일이다. 마치 버터만 입에 넣고 오물거리면서 먹는 건 부담스럽지만 빵이나 잼, 달달한 설탕과 섞여지면서 만들어내는 기분 좋은 하모니의 매력에 푹 빠지는 것과 비슷한 이치랄까…….

샌드위치에 넣어도 샐러드를 만들어도 으깨어 딥을 만들거나 심지어 스무디를 만들어도 훌륭한 아보카도는 어떻게 고르고 먹는지만 제대로 알아도 재미없는 식탁에 변화를 가져다준다.

"아보카도는 어떻게 먹어?"

"맛있게."

아보카도 고르기

익지 않은 아보카도는 밝은 초록빛을 띠고 만져보면 단단하지만, 잘 익은 아보카도는 검정색과 비슷한 짙은 수박색을 띠고 손으로 눌렀을 때 조금 말랑말랑하다. 익지 않은 것은 풋맛이 강하고 씹는 식감도 좋지 않기 때문에, 익지 않은 것을 사면 상온에 2~3일 두었다가 후숙시킨 다음 먹고, 바로 먹을 거라면 짙은 수박색의 말랑한 아보카도를 고른다. 아보카도는 실온에서 금세 익는다.

예민하게 다루어주세요

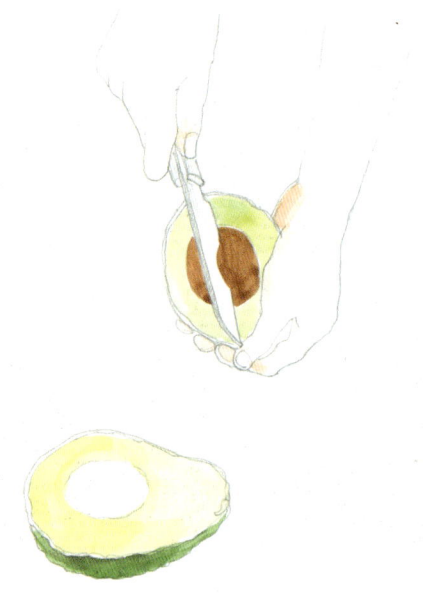

AVOCADO SEED

아보카도 과육은 잘라서 상온에 두면 조금 지나지 않아 거뭇거뭇한 반점이 올라온다. 갈변을 막기 위해서 레몬즙을 뿌려두거나 씨가 있는 상태로 보관한다. 또는 올리브오일을 조금 뿌려두면 이런 현상을 막을 수 있지만, 아보카도는 자르자마자 먹을 때가 가장 맛있다.

아보카도를 자를 때는, 손에 세로방향으로 잡고 가운데 칼집을 깊숙이 넣어 한 바퀴 돌린다. 한 손에 한 쪽씩 감싸 쥔 후 서로 반대방향으로 돌리면 반으로 분리된다. 가운데 커다란 둥근 씨앗은 겁내지 말고 칼을 힘 있게 탁 꽂아 시계방향으로 돌리면 쉽게 꺼낼 수 있다. 원하는 모양의 칼집을 넣어 숟가락으로 파내거나, 껍질을 손이나 칼로 살살 벗겨낸 후 원하는 크기로 잘라서 사용한다.

첫 인사, 아보카도와 친해지기

아보카도는 간장 또는 소금에 콕 찍어 먹기만 해도 그 풍미와 질감, 담백한 맛에 매료된다. 사실 아보카도만 먹으면 맛있다고 느끼기가 그리 쉽지 않다. 자극적인 향신료에 길들여진 우리의 입맛엔 꽤 덤덤하고 재미없는 친구처럼 느껴질 것이다. 그러나 이 덤덤한 녀석에게 약간의 친구를 붙여주면 근사할 정도로 맛이 달라진다.

아보카도와 소금, 또는 간장과의 만남은 아보카도 마니아에게는 잘 알려진 아보카도를 가장 맛있게 즐기는 방법 중 하나로 여겨져 왔다. 특히나 여기에 트러플 소금을 얹어 먹으면 그 맛은 가히 천국에 다녀온 기분이랄까. 부드럽고 크리미한 질감에다 맛은 아주 담백해서 혹자에게는 무미로 느껴질 아보카도의 덤덤한 맛과, 입안에 꽉 차듯 전해지는 묵직하고 풍부한 향과의 하모니는 마치 예쁜 피아노 선율에 묵직한 첼로의 멜로디가 더해지는 듯한 느낌이다.

트러플Truffle?

세계 3대 식재료이자 프랑스 3대 진미 중 하나로 꼽히는 트러플은 송로버섯이다. 강하고 독특한 향이 특징인데, 아주 소량만 사용해도 음식 전체의 맛을 지배할 정도이다. 그 맛을 어떻게 말로 표현할 수 있을까? 1kg 가격이 웬만한 소형 중고차 가격이라 쉽게 접하기는 어렵겠지만, 몇 년 전만해도 외국에 나가야만 구할 수 있었던 송로버섯의 향을 낸 트러플 오일이나, 송로버섯 조각을 조금 넣어 향을 낸 트러플 소금도 이젠 백화점이나 식자재상에서 쉽게 만날 수 있으니, 나처럼 식재료에 엄청난 호기심을 가진 이에겐 너무나 행복한 일이 아닐 수 없다.

트러플 소금 하나만으로도 요리의 품격이 바뀌고, 평범하고 진부한 맛은 풍부한 맛의 변주를 이루어낸다. 토마토에 올리브오일을 살짝 뿌리고 그 위에 트러플 소금을, 노른자를 익히지 않은 달걀프라이나 삶은 달걀, 심지어 감자튀김에도 트러플 소금을 뿌려 먹어보자. 처음 먹어본 사람이라면 "이게 무슨 향이지?"하고 싶은, 정말 의아할 정도로 강하고 풍부하게 번지는 미묘한 맛의 즐거움에 아마 미소가 지어질지도 모를 그런 맛이다.

"보기엔 평범하게 보이는데?"

"일단 심호흡부터!
향이 예술이야."

트러플 소금으로 우아한 아침 즐기기

트러플 소금을 뿌린 반숙달걀과 구운 아스파라거스, 토스트

반숙계란은 에그홀더에 올리고 껍질을 조금 깨뜨려 위에 트러플 소금을 뿌린다. 살짝 구운 아스파라거스나 바삭하게 구워 길쭉하게 자른 토스트를 노른자에 찍어 먹는다.

프렌치 스팀드 에그

코코트 볼에 달걀을 깨뜨려 넣고 생크림 약간과 데친 시금치, 구운 베이컨을 넣는다. 그 위에 살짝 트러플 소금을 뿌리고 오븐에서 중탕으로 익히면, 파리의 노천카페 메뉴가 부럽지 않은 '프렌치 스팀드 에그'가 완성된다. 언젠가 부모님이 집에 오셨던 일요일 아침에 이렇게 해서 드린 적이 있는데, 느끼한 걸 좋아하지 않으시는 부모님도 세련되고 고급스러운 맛이라며 행복해하시던 얼굴이 기억난다.

TABLE RECIPE

뉴요커들의 건강한 아침식사

아보카도 스무디
Avocado Nutmilk Smoothie

재료(2인분)
아보카도 1개
우유 500㎖
헤이즐넛(또는 피스타치오
같은 견과) 1줌(10 ~ 15알)
메이플시럽 2큰술

만들기
믹서에 잘 익은 아보카도와
헤이즐넛, 시럽, 우유를 넣고
잘 갈아준다.

자, 이제 아보카도의 맛과 질감에 익숙해졌다면 이제는 재료의 변형을 시도해볼 시간이 왔다. 아보카도는 한 개만 먹어도 금세 배가 부를 정도로 포만감이 있는데, 여기에 헤이즐넛, 피스타치오, 캐슈너트, 아몬드 등과 같은 견과류를 넣고 우유와 함께 갈면 아침식사 한 끼로도 부족함이 없다. 불포화지방산, 단백질, 미네랄, 비타민이 듬뿍 들어 있어 피부가 예뻐지고 항산화 기능도 뛰어나 특히 여자와 다이어터들에게 추천하고 싶푼 아보카도이다. 오죽하면 '숲속의 버터'라 불려지겠는가.
뉴요커들의 건강식으로 급부상한 '아보카도 스무디'는 부드럽고 달콤한데다가 공복에 위를 편안하게 해주어 아침식사로도 제격이다.

SIROP D'ÉRABLE
PUR PURE
MAPLE SYRUP
OUNCES
CUPS
12 oz.
10
Tumbler
Cup
Split
Wineglass
Teacup
Gill
Triple
1-1/2
1-1/4
1 c

TABLE RECIPE

으깬 아보카도의 매력

과카몰리
Guacamole

재료(2인분)
아보카도 1개
양파 1/8개
토마토 1/2개
할라피뇨 1/4개
파프리카 1/4개
라임즙 2큰술
토마토소스 1큰술
파마산 치즈 2큰술
소금 1작은술
후추 1꼬집
고수 1/2줌

아마 한국인들이 아보카도를 가장 맛있고 대중적으로 즐기는 방법 중 하나가 딥 소스인 과카몰리를 만들어 이용하는 것이다. 신선한 아보카도와 토마토, 양파 그리고 매콤한 할라피뇨를 듬뿍 넣어 만든 과카몰리. 여기에 나쵸 몇 개와 맥주 한 잔을 곁들이면…… 바쁜 일상을 보내느라 한동안 보지 못했던 친구들을 불러서 잔뜩 수다를 떨고 싶은 한여름밤의 메뉴로 이보다 더 다정하고 맛있는 게 있을까?

1 양파는 잘게 다져서 미지근한 물에 넣어 매운맛을 빼고 토마토, 할라피뇨, 파프리카도 잘게 다져 놓는다.
2 아보카도는 반으로 갈라 씨를 빼낸 후 숟가락으로 과육을 꺼내어 볼에 넣고 으깬다.
3 으깬 아보카도에 고수를 뺀 나머지 재료를 넣고 잘 섞어 딥을 만든다.
4 딥 위에 다진 고수를 찢어서 흩뿌린다.

TABLE RECIPE

병아리콩의 변신

아보카도 허머스
Avocado Hummus

재료(2인분)
아보카도 1개
불린 병아리콩 2컵
(통조림 1캔 분량)
레몬즙 1개 분량
타히니 1/3컵
소금 1/4작은술
큐민 1작은술
올리브오일 2.5큰술
페퍼 플레이크 1/2작은술

병아리콩에 마늘, 레몬즙, 소금, 올리브오일을 넣고 으깨듯이 섞어 만드는 허머스는 중동음식을 이야기할 때 빠지지 않는 맛있는 스프레드의 일종이다. 중동음식은 향신료의 맛이 강하다고 느끼는 사람도 허머스를 맛보면 생각이 달라진다. 재료 본연에 충실한 자연스럽고 담백한 맛, 먹으면 먹을수록 고소하고 건강한 맛에 아보카도를 더하면 부드러움과 풍부한 맛이 두 배가 된다.

아보카도 하나만으로는 그 깊은 풍미와 맛을 느끼기에 어려움이 있을지 몰라도, 다른 식재들과의 믹스 앤 매치가 가장 편한 재료 중 하나이다. 심지어 더해지는 재료의 맛을 더 풍부하게 업그레이드하는 고마운 재료이기도 하다. 홀로는 별로 힘있어 보이지 않지만, 함께하면 주변의 것들을 더 빛나게 만드는 약방의 감초 같은 역할을 아보카도가 톡톡히 해내고 있는 것이다. 부드럽고 은은하게 섞였지만, 자신의 존재감을 '확실히' 드러내는 그러나 절대 과하지 않은 은밀하고 자연스러운 조화이다.

1 병아리콩은 반나절 이상 불렸다가 부드러워질 때까지 20~30분 푹 삶는다.
2 아보카도는 반으로 갈라 씨를 뺀 다음 숟가락으로 과육을 꺼내 놓는다.
3 믹서에 병아리콩, 레몬즙, 타히니, 소금, 큐민, 아보카도, 올리브오일 2큰술을 넣고 부드러워질 때까지 간다.
4 접시에 담아 위에 남은 올리브오일을 살짝 두르고 페퍼 플레이크를 뿌려 완성한다.

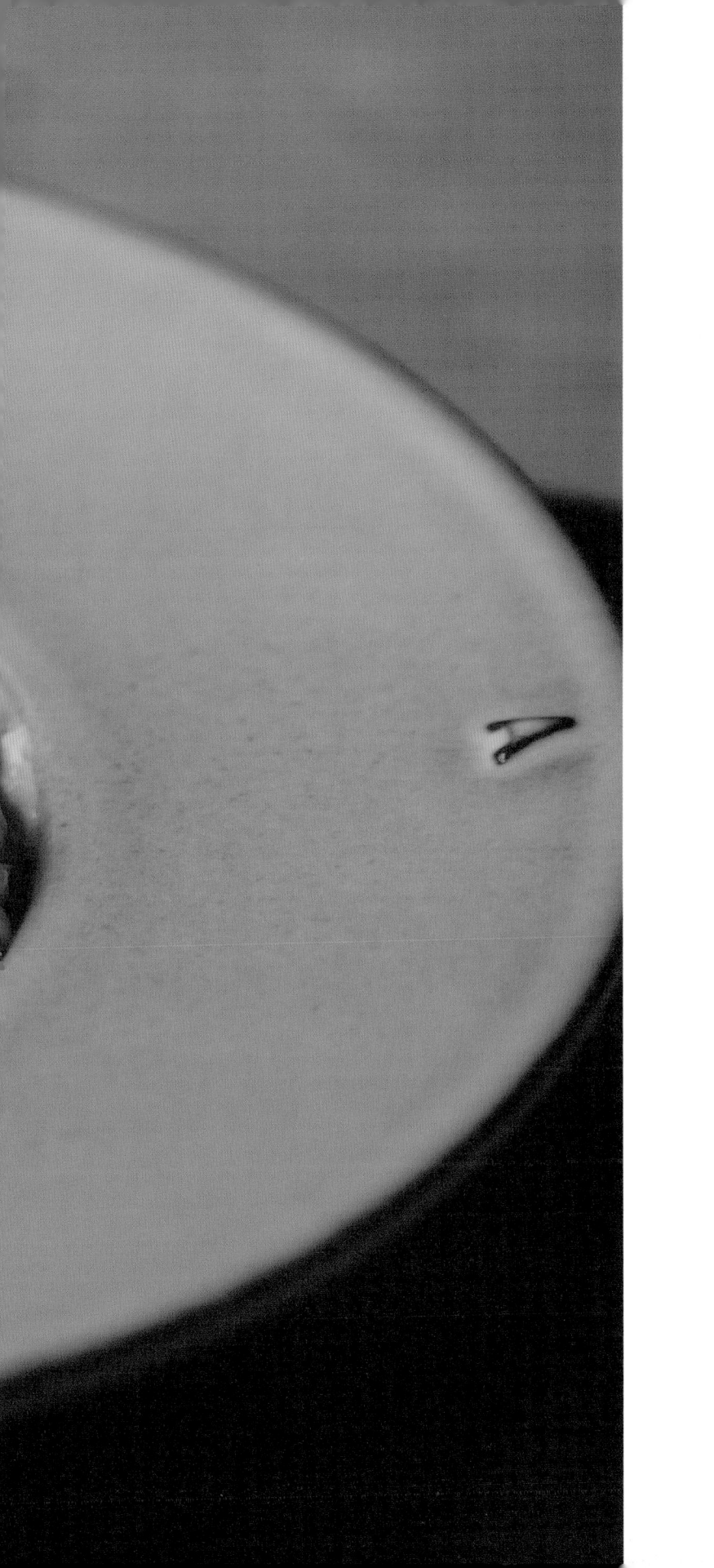

TABLE RECIPE

주인공보다 빛나는 값진 조연
아보카도 샌드위치
Avocado Sandwich

재료(2인분)
아보카도 1/2개
깜빠뉴(또는 호밀빵) 4쪽
베이컨 3~4장
닭가슴살 1쪽
소금 1작은술
후추 1/2작은술
레몬즙 1큰술
마요네즈 2큰술
체더 치즈(또는 프로볼론 치즈) 슬라이스 2~3장

아보카도, 닭가슴살, 구운 베이컨, 체더 치즈를 넣은 샌드위치.
앞뒤로 노릇하게 잘 구운 닭가슴살, 바삭한 베이컨, 치즈, 아보카도를 빵 사이에 넣고 그릴팬에 올린 다음, 무거운 베이컨 프레스나 냄비뚜껑으로 꾹 눌러주면 파니니그릴 없이도 그릴자국 선명한 샌드위치를 맛볼 수 있다. 빵 사이에서 부드럽게 녹아내리는 치즈와 짭조름한 베이컨, 크리미한 아보카도의 조화가 일품이다.

맛있게 촉촉하게 닭가슴살 굽기

사실 쉬운 것 같아도 겉은 바삭하고 육즙이 풍부한 촉촉한 닭가슴살로 굽기란 여간 어려운 일이 아니다. 그러나 몇 가지 작은 팁만 숙지한다면 닭가슴살 굽기가 훨씬 쉬워질 수 있다. 우선 프라이팬을 강불에 올려 달군다. 연기가 올라올 정도로 뜨겁게 달궈지면 불을 살짝 줄이고 닭가슴살을 올려 치—익 소리가 나도록 살짝 누르면서 굽는다. 앞면이 노릇하게 익으면 뒷면도 같은 상태로 굽는데, 중약불로 속까지 촉촉하게 굽는 것이 포인트.

1 닭가슴살은 소금, 후추를 뿌리고 레몬즙에 30분간 재운 다음 앞뒤로 겉은 바삭하고 속은 촉촉하게 구워 먹기 좋은 크기로 얇게 썬다.
2 아보카도는 반으로 갈라 씨를 빼고 과육을 도톰하게 슬라이스 한다.
3 그릴팬을 잘 달구어 빵을 그릴 자국이 나게 굽고, 베이컨은 바삭하게 구워 기름기를 없앤다.
4 구운 빵에 마요네즈를 바른 후, 닭가슴살 – 치즈 – 베이컨 – 아보카도 순서로 올리고 다른 한쪽 빵에도 마요네즈를 발라 덮는다.
5 달궈진 그릴에 샌드위치를 올리고 베이컨 프레스나 무거운 냄비뚜껑으로 눌러 치즈가 녹을 때까지 굽는다.

TABLE RECIPE

담백하고 고소한

콥샐러드
Cobb Salad

재료(2인분)
아보카도 1개
토마토 1개
오이 1/2개
당근 1/2개
로메인 2장
닭가슴살 1쪽
체더 치즈 50g
하몽 5~6장
달걀 2개

닭가슴살 양념
소금 1/4작은술
후추 1/4작은술
레몬즙 1작은술
오레가노(가루) 1/2작은술

드레싱
포도씨유 1큰술
디종 머스터드 2큰술
오렌지즙 2큰술
꿀 2큰술
식초 1큰술

처음 콥샐러드를 만났을 때 근사한 대접을 받는 것 같고 건강한 느낌이 들어 무언가 고급스런 요리라 생각했었다. 그런데 그것과 달리 레시피가 나온 배경은 미국의 콥Cobb이라는 셰프가 '냉장고에 있던 재료들을 털어' 아보카도를 넣고 만든 샐러드라고 한다.

이 샐러드는 한 끼 식사로 즐기기에 부족함이 없는 훌륭한 메뉴이다. 닭가슴살, 아보카도, 삶은 달걀, 토마토, 오이 등 자신이 좋아하는 재료를 취향대로 마음껏 넣어 만드는데다가 색깔도 알록달록 예뻐서 파티메뉴로도 손색이 없다. 레시피가 생각보다 쉬워서(누가 만들어도 맛있는^^) 주변에 알려주면 깜짝 놀라기도 한다.

1 달걀은 식초와 소금을 넣은 물에 중불로 15분간 삶은 뒤 얼음물에 5분정도 넣었다가 껍질을 까서 길죽하게 4~6등분하거나 잘게 다진다. 흰자만 사용하면 깔끔한데, 노른자는 따로 꺼내어 잘게 부수었다가 드레싱 뿌리기 전에 올려도 괜찮다.
2 닭가슴살은 레몬즙을 골고루 뿌리고 소금, 후추, 오레가노를 뿌려 15분간 재워둔 후 잘 달궈진 팬에 노릇노릇하게 굽는다.
3 토마토, 오이, 당근, 상추는 잘 씻어서 물기를 빼놓는다.
4 토마토는 씨를 빼고 오이, 당근, 체더 치즈, 닭가슴살과 함께 큐브모양으로 자른 다음, 하몽은 길게 잘라 돌돌 말아놓는다.
5 아보카도는 반을 갈라 씨를 빼서 숟가락을 넣어 과육만 분리한 후 큐브모양으로 자른다.
6 드레싱 재료를 골고루 섞어 놓는다.
7 바닥이 움푹한 볼에 로메인을 깔고 재료를 차례로 담은 다음 드레싱을 뿌린다.

TABLE RECIPE

새우스캠피, 망고살사를 넣은

아보카도 랩
Avocado Wrap

재료(1인분)
아보카도 1/4개
새우 4 ~ 5마리
버터 1조각
화이트와인 1큰술
레몬 1/2개
레몬제스트 1큰술
또르띠아 1장
라임 웨지 2조각
소금 1꼬집
후추 1꼬집

망고살사
파프리카 1/4개
망고 1/2개
할라피뇨 1/4개
할라피뇨 국물 2큰술
소금 1/4작은술
후추 1/4작은술
다진 고수 1작은술

새우를 매콤하게 케이준 스타일 cajun style로 굽거나 아니면 레몬즙과 버터를 듬뿍 넣고 굽는다. 망고나 파인애플에 양파와 고수가 한가득 들어간 살사도 만들어, 토르티야에 구운 새우와 아보카도, 살사를 넣고 싸면 마음은 슝~ 하고 어느새 멕시코에 가 있다.

이국적인 향취 때문에 우리집에 놀러오는 손님들이 두고두고 이야기하곤 했던 메뉴가 바로 이 '아보카도 랩'이기도 하다. 멕시코 사람들이 소스처럼 얹어 먹는 살사는 대개 토마토를 넣어 만든다고 생각하지만 딸기, 망고, 파인애플 등을 넣으면 상큼하고 이국적인 조화에 깜짝 놀라게 된다. 가끔 음식이 가져다주는 기쁨은 일상성을 벗어나 뻔한 조합을 탈피할 때나, 의외의 재료와 독특한 조합이 빛을 발할 때 가장 극대화되는 것 같다.

1 먼저 망고살사를 만든다. 파프리카, 망고는 작은 큐브모양으로 썰고, 할라피뇨는 잘게 다져서 볼에 담고 여기에 할라피뇨 국물, 소금, 후추, 잘게 다진 고수를 넣고 잘 섞는다.
2 아보카도는 반으로 갈라 씨를 제거하고 과육만 큐브모양으로 썰어 놓는다.
3 새우껍질을 벗기고 등쪽 내장을 제거한 뒤 달궈진 팬에 버터를 녹이고 굽는다.
4 새우가 노릇하게 익으면 뒤집고 강불에 화이트와인을 골고루 뿌려 알코올을 날린 다음, 레몬즙과 레몬제스트를 넣고 소금, 후추로 간을 한다.
5 팬에 토르티야를 앞뒤로 구운 후 망고살사, 새우, 아보카도를 듬뿍 넣는다.
6 접시에 새우 아보카도 랩을 담고 라임조각을 곁들인다. 취향에 따라 라임즙을 뿌리거나 타바스코 소스를 뿌려 먹는다.

토르티야의 매력

사실 토르티야는 다양하게 활용할 수 있는 고마운 재료이다. 피자도우를 집에서 만들기란 참 어려운 일인데, 정성들여 만든 피자도우이지만 사먹는 것처럼 쫄깃하거나 부드럽지도 않은데다가, 밀가루로 난장판이 된 부엌을 보며 한숨지었던 경험을 만들어본 사람은 알 것이다. 토르티야는 그런 수고를 덜어준다. 물론 두툼하고 식감 좋은 피자도우 같은 매력은 없지만, 나름대로 얇고 담백한 피자맛에 만들기도 쉬워서 출출한 오후 아이들의 간식으로 늘 당첨되곤 한다.

토르티야 위에 토마토소스를 바르고 모짜렐라 치즈를 듬뿍 올려서 그 위에 토마토를 올려 구운 후 마지막에 바질을 얹으면 마르게리따 피자로, 구운 베이컨과 파인애플을 얹으면 하와이안 피자로 변신하곤 한다. 좋아하는 재료로 토핑하면 얼마든지 다양한 피자를 요리초보자도 만들어볼 수 있다.

뿐만 아니라 고기를 소금, 후추로 간하고 양파, 피망 등과 함께 볶다가 우스터소스나 레몬즙을 넣어 구운 다음에 사워크림, 과카몰리 등과 함께 토르티야를 내면 예전에 패밀리 레스토랑에서 심심찮게 볼 수 있었던 파히타fajita로도 즐길 수 있다.

모처럼 맛있는 것을 먹으러 나가게 되면 늘 찾아다니면서 먹는 게 바로 멕시코 요리다. 타코는 토르티야에 여러 가지 재료를 넣어서 먹는 멕시코의 전통요리 중 하나이다. 전통적으로 옥수수가루로 만드는데, 시중에는 밀가루로 만든 것도 많이 보인다. 토르티야에 다져서 요리한 소고기, 돼지고기, 닭고기와 옥수수, 양파 등을 올리고, 반으로 접어 과카몰리, 살사소스, 치즈딥 등과 함께 먹는다. 부드럽게도 바삭하게도 할 수 있는데 나는 바삭한 타코가 더 좋다. 제일 좋아하는 방법은 바삭한 타코칩 안에 소금, 후추, 레몬즙만 넣어 달달 볶은 다진 소고기에 옥수수를 듬뿍 넣고 몬터레이 잭 치즈monterey jack cheese나 체더 치즈를 스며들 듯 녹여 살사소스를 듬뿍 올려 먹는 것이다.

케사디야

토르티야와 토르티야 사이에 소고기나 닭고기, 새우 등을 넣고 치즈를 뿌린 후 오븐에서 노릇노릇하고 바삭하게 구워 먹는 요리이다. 치즈만 듬뿍 넣은 치즈 케사디야, 닭고기를 넣은 닭고기 케사디야로도 즐겨보자. 좋아하는 토핑을 넣고 바삭하게 구워 여러 조각으로 자른 후 사워크림에 찍어 먹으면 맛있다.

재료

토르티야 4장
(케사디야 16개 분량)
닭가슴살 200g
양파 1/2개
피망 1/4개
와인 1/2컵
토마토소스 1 ~ 2컵
블랙빈(통조림) 1/4컵
할라피뇨 5 ~ 6개
파르마지아노 레지아노
(갈아서) 1컵
멕시칸 치즈 1/4컵
모짜렐라 치즈 1/4컵
소금, 후추 1작은술씩
올리브오일 적당량

만들기

1 닭가슴살은 소금, 후추를 뿌려 잠시 재웠다가 깍둑썰기를 하고 양파, 피망, 할라피뇨는 잘게 다진다.
2 달궈진 웍에 올리브오일을 두르고 양파, 피망을 볶다가 닭가슴살을 넣어 같이 볶는다.
3 닭가슴살이 부드러워지면 강불에 와인을 넣어 향을 날린 다음, 다시 불을 줄여 토마토소스, 블랙빈, 다진 할라피뇨, 파르마지아노 레지아노 치즈를 넣고 뭉근히 끓인다.
4 토르티야에 3의 재료를 골고루 얹고 모짜렐라와 멕시칸 치즈를 뿌린 후 180℃로 예열한 오븐에 15분 정도 굽는다.
5 잘 구워진 케사디야는 피자커터로 잘라서 뜨거울 때 먹는다. 사워크림이나 살사소스, 과카몰리 등과 곁들여 먹으면 맛있다.

TABLE EPISODE
02

MEAT
고기

나는 어려서부터 대단한 육식파였다. 지금의 내 모습을 아는 사람들은 전혀 상상이 안 가겠지만 3.9kg으로 태어나 우량아대회에 나가보지 않겠냐는 주변의 권유를 받았을 정도로 포동포동하고 뽀얀 피부를 가졌던 나는 무엇이나 가리지 않고 잘 먹어서 엄마가 참 좋아하셨단다. 그러나 무엇이든 잘 먹었던 나의 이런 식습관은 7살이 채 되지 않아 끝나버렸다.

내가 결혼해서 아이를 낳고 "아휴, 우리 아기 정말 잘 먹네"라는 말은 적어도 친정엄마에게는 금기된 언어였다. 왜냐하면 '잘 먹는다'는 말을 달고 살게 만들었던 나였지만 7살 이후에는 엄청난 편식으로 잘 먹지 않아 학창시절 사진을 보면 내가 보아도 참 불쌍하게 삐쩍 말랐으니 말이다. 생선은 비린내가 나서 안 먹고, 나물은 맛이 없어 안 먹고, 김치는 매워서 안 먹고…… 뭐 그리 안 먹는 게 많았는지. 음식에 대한 무한한 호기심과 열정을 가진 지금과는 사뭇 다르니 참 신기할 따름이다.

그런 나에게도 밥상에 오르면 그 자리에 앉아 말 한마디 안 하고 한 그릇 뚝딱 비우는 음식이 있었으니 다름 아닌 '고기'였다. 내 어린 시절에는 고기를 특별히 맛있게 먹는 방법이란 건 없었다. 그저 불에 구워 소금에 찍어 먹던 담백한 고기, 그것만한 것이 없었다. 어린 입맛이었지만 양념갈비보다는 소금에 찍어 먹는 생갈비를, 불고기보다는 로스구이를 좋아했던 나는, 아빠가 퇴근길에 마장동에서 양손 가득 사오신 고기를 굽는 냄새가 집 안에 진동하면 열일 마다하지 않고 식탁에 앉아 아빠가 구워주시던 채끝, 등심, 부채살을 참 야무지게도 맛있게 먹곤 하였다. "이 녀석 보게. 소 한 마리는 먹었겠네."하시는 아빠의 너스레를 모르는 체하면서 부른 배로 행복한 웃음을 짓던 기억은 아직도 머릿속에 아련하게 자리잡고 있는 행복한 내 유년시절의 단편이다.

그뿐이랴. 엄마가 동네 아줌마들과 요리교실에서 배워왔다며 잔뜩 만들어온 '함박스테이크'가 있는 날이거나, 요리를 곧잘 하시는 아빠가 젊은 시절 당신의 엄마에게 배우셨다는 솜씨로 '궁중 갈비찜'을 해주던 날이면 난 사흘 굶은 아이처럼 밥 두세 공기쯤은 가뿐히 비워내곤 했었다.

어린 시절보다는 먹을 수 있는 폭이 넓어졌고, 이제는 하루에 한 끼는 꼭 초록색 풀이 가득한 샐러드나 나물을 먹어야 제대로 먹은 것 같은 이상적이고 균형적인 식탁을 추구하게 되었지만, 여전히 고기는 내가 가장 자주 요리하는 식재료이자 가장 사랑하는 메뉴이다. 물론 훌륭한 고기는 그 자체로 굽거나 소금, 후추, 허브만으로 마리네이드해서 제대로만 잘 구워도 맛있지만, 나는 고기를 덩어리째 사서 은근히 푹 끓여낸 스튜나 찜, 그리고 잘게 찢은 양지가 듬뿍 들어간 곰국이나 육개장도 사랑한다.

세상에서 가장 많이 요리되고, 가장 보편적인 사랑을 받는 '고기'. 오늘 당신의 식탁엔 어떤 고기가 어떻게 요리되어 올라올까?

"좀 색다른 고기요리
　　　뭐 없을까?"

"진득하게 푹 끓인
　뵈프 부르기뇽!"

맛있는 소고기 고르기

기름이 적당히 고르게 분포한 이른바 '마블링'이 잘 된 고기를 우리는 좋은 고기라고 생각한다. 마블링이 많으면 고기가 더 부드럽고 맛있게 느껴지는 것도 사실이다. 사후강직 현상 때문에 갓 잡은 소고기는 단단하고 질기다는 건 익히 알고 있다. 그래서 일정 시간이 지나야 소고기를 먹을 수 있는데, 숙성과정을 통해 자연적으로 생긴 효소는 질긴 섬유질을 파괴하면서 육질이 연해지고 풍미가 진해진다.

사실 가장 맛있는 고기는 웨트 에이징wet aging, 습식숙성을 통해 탄생한다. 소고기를 정형하고, 육즙이 빠져나가지 않도록 진공상태로 만들어 1℃의 환경에서 한 달 정도 보관하면 신선하고 풍부한 육즙, 농축된 육향을 골고루 가진 맛있는 고기를 먹을 수 있게 된다. 드라이 에이징dry aging, 건식숙성을 한 고기가 각광을 받고 있는데, 사실 등급이 좋은 고기는 드라이 에이징의 큰 의미가 없다. 생고기 자체로 맛이 훌륭한데 굳이 부패시킬 이유가 없는 것이다. 등급이 낮은 소고기를 숙성시켜 풍미와 맛을 끌어올리는 것이 드라이 에이징의 효과이다.

나는 종종 마장동의 정육점에 들르곤 한다. 요새는 깔끔하게 진공포장된 한우를 파는 정육점들도 많다. 사온 고기는 바로 구워 먹지 않고 1~3℃의 차가운 냉각실에 넣어 진공상태로 1주일 정도 보관해두었다가 먹는다. 간단하게 웨트 에이징으로 셀프 숙성을 거친 고기는 놀랍도록 부드럽고 고기 그대로의 풍미가 살아있다. 고기를 좋아하는 내가 더욱 고기를 맛있게 즐기는 '비법'이라 할 수 있다.

셀프 숙성

고기는 죽은 후 굳어 있다가 시간이 좀 지나면 다시 풀려 말랑말랑해진 상태가 된다. 경직상태이거나 경직이 풀린 직후의 고기는 뻣뻣하고 맛이 없지만, 경직이 풀린 고기를 냉장상태로 저장하면 고기가 숙성되어 연해지고 맛도 좋아진다.

요즈음엔 정육점도 좋은 곳이 많아져 마장동의 〈본앤브레드〉 같은 곳에서는 진공상태의 소고기를 구입할 수 있는데, 진공상태의 소고기는 바로 개봉해서 먹기보다는 냉장고에 1주일 정도 두었다가 개봉해서 먹으면, 진한 육향과 부드러운 감칠맛, 궁극의 고소함을 지닌 소고기를 맛볼 수 있다.

나는 1주일에 2~3번은 고기를 식탁에 올리는 대단한 육식파라 집에 소형진공포장기를 사다놓고 고기를 진공포장하여 1주일 정도 냉장칸에서 셀프 숙성한 다음(김치냉장고가 있다면 더 좋다. 없으면 신선채소실에 보관) 주말쯤에 개봉해서 먹는다.

TABLE RECIPE

영혼을 울리는 소울푸드
뵈프 부르기뇽
Bœuf Bourguignon

재료(4인분)

사태 1.3kg

당근 1개

양파 2개

올리브오일 적당량

베이컨 180g

밀가루 2큰술

레드와인 3컵(full bodied young red wine)

비프 브로스 (소고기 육수) 2~3컵

토마토 페이스트(또는 데미글라스 소스) 1~2큰술

마늘 2쪽

타임 3~4줄기

다진 파슬리 1큰술

통후추 10~15알

월계수잎 1장

소금 1~2큰술

버터 30g

양송이버섯 300g

full bodied young red wine
피노누아가 가장 적합한데, 깊은 체리향이 나지만 달지 않고, 바디감이 풍부한 매우 고혹적인 와인이다. 미국산, 프랑스산이 있는데 대개는 프랑스 브르고뉴 지방의 피노누아를 추천한다.

이제는 프랑스 가정식이 여러 매체에 소개되어 '뵈프 부르기뇽 bœuf bourguignon'의 이름이 낯설지만은 않은 사람들이 많아졌지만, 내가 뵈프 부르기뇽을 처음 맛보았던 것은 2008년 여름, LA의 〈Joan on 3rd〉라는 핫 플레이스에서 샌드위치 속재료로 들어간 차가운 '뵈프 부르기뇽'이었다. 와인향이 기분 좋게 스미고, 입 안에서 부드러운 질감으로 뭉개지던 고기와 채소의 그 맛은 내 마음을 사로잡기에 충분했다. 그 강렬한 여운을 잊지 못하던 내가 뵈프 부르기뇽을 다시 만난 것은 2009년 메릴 스트립과 에이미 애덤스가 출연한 영화 〈줄리 앤 줄리아 Julie & Julia〉에서였다. 편집장을 기다리며 설레던 마음으로 뵈프 부르기뇽을 만들던 줄리, 뜨겁게 달궈진 팬에 먹음직스러운 새빨간 고기가 치—익 하고 구워지는 모습을 보는 순간 머릿속엔 오직 뵈프 부르기뇽 생각뿐이었다. 다음 날 질 좋은 사태와 브르고뉴산 피노누아를 사들고 와 레시피를 뒤적여가며 오븐 안에 냄비를 넣었다. 오븐에 들어간 냄비에서 와인이 달큼하게 익는 냄새가 집 안에 진동하는 순간, 나의 모든 감각은 이 냄비 하나에 집중되고 만다.

와인은 묵직하고도 녹진녹진하게 고기에 배어들고, 단단했던 사태는 정말 푹 고아낸 양지고기처럼 형체도 없이 입 안에서 녹아든다. 온갖 채소와 질 좋은 고기, 그리고 그윽한 향취의 피노누아는 서로 긴 시간 화학작용을 일으키고, 마침내 식탁에 오른 뵈프 부르기뇽의 맛과 풍미는 먹는 모두를 매료시킨다. 마지막까지 코끝에 남아 있는 아련한 와인의 풍미…… 이런 맛이라면 악마에게 영혼을 내주어도 좋을 그런 깊은 맛이다.

뵈프 부르기뇽을 만들던 날, 맛으로 행복감의 절정을 느끼며 아마도 나는 다짐했었던 것 같다. 평생 요리하며 살겠노라고, 이 한 그릇에 인생이 담겨 있다고 가슴 벅차게 감동했던 그 작은 부엌의 따뜻한 온기는 부르기뇽을 대하는 나의 입가에 늘 행복한 미소를 짓게 한다.

1 사태는 가로세로 3cm 크기로 깍둑썰기하고, 당근과 양파 1개는 사태와 어울리게 큼직하게 썰어 놓는다.
2 두꺼운 베이컨은 먹기 좋은 크기로 자르고 무쇠솥을 뜨겁게 달구어 올리브오일을 두른 다음, 강한 불에 튀기듯이 볶아서 다른 그릇에 담아둔다.
3 베이컨을 볶은 솥에 사태를 넣고 역시 센불에 타지 않게 재빨리 굽는다. 이 과정을 소테(saute)라고 하는데 센불에 타지 않게 골고루 구우면서 빠르게 조리한다. 그래야 빠져나가는 육즙을 막을 수 있다.
4 고기가 어느 정도 갈색빛이 돌면서 익으면 냄비에서 꺼내 놓고, 그 기름으로 당근과 양파를 볶는다.
5 당근과 양파가 어느 정도 익으면 거기에 구운 고기와, 베이컨, 밀가루 2큰술을 넣어 뒤적거려 고기에 밀가루를 골고루 코팅시킨 다음 220°C로 예열한 오븐에 4~5분 뚜껑을 열고 가열한다.
6 냄비를 오븐에서 꺼내 다시 뒤적거려 섞고 오븐을 180°C로 낮추어 5분 정도 다시 가열한 후 꺼내 레드와인, 비프 브로스, 토마토 페이스트, 마늘, 타임, 파슬리, 월계수잎, 통후추를 넣고 소금으로 간한 다음 잘 섞어서 다시 오븐에 넣어 1시간 30분 가열한다.
7 오븐에서 냄비 속 재료가 익는 동안 프라이팬을 달구어 버터를 녹인 다음, 4등분한 양송이버섯과 큼직하게 자른 양파를 넣고 센불에 볶는다. 이 과정을 글라세(glacer)라고 한다.
8 1시간 30분이 지나면 오븐에서 꺼내어 섞어주고 다시 오븐에 넣어 1시간 30분 더 가열한다. 완성되기 10분 전에 솥을 꺼내어 볶은 양송이와 양파를 넣고 다시 가열한다.
9 완성되면 깜빠뉴와 함께 곁들여 낸다.

TABLE STORY

인생의 터닝 포인트
스웨디시 미트볼

아들 없는 집에 첫째 딸로 태어난 나는 거의 '장남'이나 다름없었다. 그만큼 부모님의 기대를 한 몸에 받고 자랐기에 되도록이면 부모님의 기대에 부응하려고 노력했었다. 부모님 세대는 많이 배고픈 세대였고, 그 배고픔을 자식에게만은 물려주고 싶지 않아서 그 당시 자식을 잘 키웠느냐의 문제는 '공부를 얼마나 잘 하는가', '대학교는 어디에 보냈는가' 따위의 것들이었지, '애가 어디에 소질이 있고', '앞으로 평생 무슨 일을 하며 살 것인가'는 그다지 중요한 문제가 아니었다. 정규교육을 받고 자란 나 역시 정해진 수순대로 공부하고, 그에 맞는 대학을 가고, 졸업 후에는 전공에 맞추어 외국계 은행에 입사하였다. 그런 사람이 요리를 업으로 삼는 일을 하게 되다니 참 내가 생각해도 드라마틱한 일이지만, 사실 난 결혼할 때까지는 요리의 '요'자도 모르는데다 부엌에는 들어가 본 적도 없는 그야말로 '요리 천치'였다. 어묵국을 끓이면서 나름 그 안에 들어있는 스프는 자존심상 넣지 않는다고 고집을 부리다가 그 끔찍하게 비리고 밍밍한 어묵국 맛을 보고는 뱉어버렸던 기억이 아직도 서늘하다. 나이가 서른 가까워 그 흔한 어묵국 하나 끓이지 못했던 내가 요리와 친해지게 된 것은 순전히 생존을 위한 것이지 그 이상도 그 이하도 아니었다.

그러나 요리를 해 본 적은 없었어도 먹는 것에 대한 호기심이 강하고 먹는 것을 좋아해서 결혼 전 꽤나 많이 먹으러 다녔던 나였기에, 요리를 하면서 이런저런 아이디어가 떠올랐고 그러다 보니 점점 재미가 붙어버렸다. 부모님이 멀리 떨어져 계셔서 결혼 후 외로움을 많이 타곤 했는데, 그럴 때면 어줍잖은 요리 실력으로 친구들을 불러서 요리를 해주기 시작하였다. "이건 대체 어떻게 만든 거야?", "우아, 이거 정말 기가 막히게 맛있다!"하며 환호하는 친구들과 남편의 얼굴을 볼 때마다 느껴지던 그 짜릿한 행복함은 아직도 잊을 수가 없다. 그 뿐이랴. 아기를 낳고, 육아와 가사에 찌들면서 심각하게 나의 정체성에 대한 고민으로 밤잠을 이루지 못할 때, 나를 치유해주던 것도 바로 요리였다. 모두가 잠든 밤, 피곤해서 앞으로 고꾸라질 것만 같은 몸이었지만 부엌을 잔뜩 어지르며 컵케이크를 구울 때 부엌은 달달한 냄새로 가득했고 그 동안 고단했던 몸과 마음은 온전히 그 달콤하고 부드러운 컵케이크 속으로 함께 녹아내렸다.

그때부터였던 것 같다. 요리와 내가 운명적인 유기체가 된 것은…… 나는 피곤할 새도 없이 음식을 만들고, 나누고, 먹었다.

그렇게 작은 취미였고 위로였던 요리와 더 유기적으로 연결된 또 하나의 계기는 바로 동네친구가 스치듯 건네던 한마디 때문이었다.
"수지야, 난 네가 해주는 요리를 매일 먹고 싶다. 그런데 아이 둘 키우느라 바쁜 너에게 매일 요리해 달래기도 미안하고…… 차라리 니가 이걸 만들어서 우리에게 파는 게 어때?"
나는 말도 안 된다며 웃어 넘겼지만 그 날 저녁, 침대에 누운 나의 머릿속엔 오로지 그 생각뿐이었다. 요리를 만들어 '파는 행위'보다는 '무엇을 만들까?', '어떤 요리를 해줄까?' 하는 생각들로 가슴이 설레이고 당장 실행에 옮기고 싶은 마음뿐이었다. 며칠 동안 그 생각이 머릿속을 떠나지 않던 어느 날, 나는 결국 일을 저지르고 말았다. 고심해서 내놓은 첫 메뉴는 '프렌치 어니언 수프'. 나는 제법 세대수가 많았던 동네 커뮤니티에 내가 만든 수프를 판다는 글을 올렸고 결과는 놀라웠다. 100명 가까운 사람들이 포장용기도 없는 우리 집에 밀폐용기를 들고 와 수프를 받아가는 진풍경이 벌어졌다.

사실 요리 실력이 하루가 다르게 늘었던 것도 이때였던 것 같다. 한두 명이 먹을 만큼 요리하는 것과 수십 명이 먹을 것을 요리하는 것은 규모나 맛을 내는 수준 자체가 전

혀 달랐기 때문이다. 하루 종일 200개의 양파를 까고 5kg의 모시조개를 해감하는 일은 생각보다 쉬운 일이 아니었다. 더군다나 깊은 맛을 낸다는 건 더더욱 어려운 일이었다. 그러던 어느 날 70인분의 육개장을 주문 받았고, 약 15ℓ의 끓는 냄비가 내 허벅지 아래로 쏟아지는 큰 사고로 오른쪽 허벅지 전체에 2도 화상을 입었다. 무거운 재료를 장보는 것도, 주문을 받고 판매하는 어려움도, 심지어 훈장처럼 새겨진 흉측한 화상의 상처도 내 요리에 대한 열정을 막지 못했다. 그러나 나의 그 뜨거웠던 열정도 엄마의 눈물 앞에서는 어쩔 수가 없었다. 자주는 아니었지만 가족들이 그리워 몇 년에 한 번 가족을 보러 아이들과 머나먼 미국땅에 다녀오곤 했는데 꼭꼭 숨기려던 상처를 우연히 엄마가 보게 되었다. 곱게 예쁘게 키워 놓았더니 힘든 길을 자초해서 요리한다며 탐탁지 않아하시던 엄마였다. 결혼 전, 설거지라도 할라치면 어차피 결혼하면 매일 설거지할 거라며 부엌에 발도 못들이게 했던 참 마음 고운 엄마였다. 그러던 엄마는 내 허벅지의 상처를 보더니 무릎을 꿇고 내 앞에서 우셨다. 한참을 우시던 엄마는 나를 위해서이기도 하지만 당신을 위해서라도 요리를 그만둘 수 없냐고 말씀하셨고, 애원하는 엄마의 모습을 보니 이제야 이 나이가 되어서야 내가 원하는 것을 찾았다고 생각했는데, 요리를 포기해야 한다는 생각에 가슴이 저려왔다.

'스웨디시 미트볼'에 이와는 상관없는 이야기를 왜 이리 장황하게 꺼냈는지 궁금할 것이다. 사실 엄마와 그렇게 '요리'를 두고 크고 작은 신경전을 벌이면서도 꿋꿋이 엄마 몰래 요리를 해오던 나도 여러 다양한 상황을 겪으면서 이렇게까지 요리를 고집해야 하나 싶은 순간을 마주하게 된다. 그 당시 그런 고민들로 밤잠을 설쳤을 때 나는 우연히 접한 요리 서바이벌 프로그램에 부끄럽게도 도전장을 내밀게 된다. 사실 시작은 우연이었지만 과정은 매우 절절했다. 그 프로그램을 통해 좋은 결과를 얻지 못하면 이제 요리는 접어야겠다는 굉장히 의미심장한 결정을 내렸었으니 말이다.

두 번의 면접을 무사히 통과하고 생애 첫 오디션을 두고 시그니처 요리를 준비할 때, 수많은 메뉴들을 제치고 내 머릿속에 떠올렸던 메뉴가 바로 스웨디시 미트볼이었다. 미트볼만큼 흔하디흔한 메뉴가 없지만, 나는 소박하고도 평범한 미트볼만으로도 다른 이들의 마음을 움직일 수 있으리라 생각했다. 내 주특기인 새콤달콤한 베리잼을 곁들여 먹는 미트볼을 만드는 날, 먹는 이들의 행복한 모습을 보며 소박하지만 강한 힘을 가진 메뉴라고 생각해왔으니까. 그러나 평소 그렇게 아무 생각 없이 즐겁게 만들고, 또 역시 맛있게 먹었던 미트볼도 평가를 받는다고 생각하니 원하는 맛이 나지 않아 애를 태우며 발을 동동거렸던 기억이 난다. 온갖 종류의 고기 부위를 배합해 보고 매일 미트볼만 만드니 아이들은 식탁에 동글동글한 고기만 보아도 몸서리를 쳤었다. 오디션 날짜는 다가오는데 원하는 맛, 원하는 질감이 나지 않아 부엌 한가운데 다리를 쭉 펴고 앉아 엉엉 울던 기억도 난다. 그만큼 그 당시 나는 절실했고, 좋은 결과를 얻어 평생 요리하며 살고 싶었다. 그렇게 탄생한 미트볼이었으니 어찌 맛이 없을 수 있었을까? 아니 맛이 없었다 해도 그 동글동글한 작은 고기는 그냥 토마토소스에나 무심하게 들어가는 그런 미트볼이 아니었다. 그야말로 그 동안의 내 요리에 대한 열정과 눈물과 땀이 응축되어 있었으니 말이다. 그래서 아직도 내가 굉장한 애착을 가지고 있는 메뉴가 이 스웨디시 미트볼이다.

대개 미트볼은 자투리고기를 갈아서 만든다고 생각하는데, 기름과 살코기가 적절히 들어간, 이를 테면 돼지고기 목살이나 소고기 등심처럼 좋은 부위를 사용해 만들면 스테이크 못지않은 맛을 낸다. 등심같이 좋은 고기를 왜 다지냐고 뭐라 하는 사람도 있겠지만, 일단 한번 만들어보면 씹는 순간 육즙이 터지고 야들야들 입 안에서 부서지는 미트볼의 매력에 흠뻑 빠질지도 모를 일이다. 정육점에서 갈아달라 하지 않고 직접 칼로 다지는 노력까지 곁들이면, 뭉쳤을 때 부드러우면서도 씹는 식감이 살아 있는 만족도가 배가 되는 미트볼이 된다. 또한, 달콤한 과일은 고기와 잘 어울리지 않는다고 생각할 수도 있는데, 사실 채소만큼이나 과일과 궁합이 잘 맞는 것이 고기다. 보쌈 먹을 때 얇게 저민 사과를 곁들이거나 돼지고기 안심에 파인애플을 곁들여 먹어본 적이 있는가? 그 절묘한 의외성이 가져다주는 즐거움은 요리의 가장 큰 매력일지도 모르겠다.

6월처럼 달콤한 베리가 한창인 계절엔 싱싱한 레몬과 설탕만으로 잼을 만들어서 미트볼과 함께 먹어보자. 가끔은 매콤한 카스카벨 고추를 잼에 다져 넣고 그야말로 새콤 달콤 매콤한 베리잼과 스웨디시 미트볼을 즐겨보자. 그 맛이 상상은 안 가겠지만 직접 한번 만들어 먹어보면 '이렇게 훌륭한 맛이 있었어?'하고 웃음 짓는 자신의 모습을 발견하게 될 것이다.

TABLE RECIPE

스웨덴의, 스웨덴을 위한

스웨디시 미트볼
Swedish Meatballs

재료(4인분)

소고기 300g

돼지고기 450g

빵가루 3/4컵

소금 1/2큰술

후추 1/2큰술

넛맥 1/2작은술

생크림 1컵

딜(또는 바질이나 파슬리) 1줌

올리브오일 적당량

끓는 물 1/4컵

레드와인 적당량

데미글라스 소스 3큰술

스웨덴에서 미트볼은 1주일에 3~4번 식탁에 올라올 정도로 대중적인 음식이다. 특히 북유럽 사람들이 사랑하는 향긋한 딜을 듬뿍 다져 넣고, 생크림을 넣어 부드러움이 더해진다. 스웨덴에서는 흔히 볼 수 있는 새콤한 링곤베리를 졸여 함께 곁들여 내는데, 국내에서는 쉽게 구할 수 없으므로 좋아하는 베리류로 잼을 만들어 함께 내면 그 맛이 잘 어울린다. 사실 새콤달콤한 잼은 미트볼과 참 잘 어울려서 가끔 투박한 바게트 안에 마요네즈를 살짝 바르고 미트볼을 대충 으깨어 넣은 다음 치즈와 잼을 곁들여 샌드위치를 만들곤 하는데, 출출한 점심에 그렇게 맛있는 별미일 수가 없다.

1 볼에 고기를 모두 담고 빵가루, 소금, 후추, 넛맥, 생크림 1/2컵, 딜을 넣고 잘 섞는다. 이때 너무 치대면 고기가 질겨지므로 재료가 잘 섞이게만 반죽한다.

2 동글동글하게 원하는 크기로 반죽을 떼어 한손에서 다른 한손으로 던지듯이 탁탁 쳐가면서 10번 정도 반복하여 공기를 뺀 다음, 손바닥으로 굴려 동그랗게 미트볼을 만든다.

3 팬을 충분히 달구어 열기가 올라오면 올리브오일을 살짝 두르고 미트볼을 굽는다.

4 팬을 흔들면서 미트볼 겉면을 골고루 익힌 후, 끓는 물을 붓고 뚜껑을 덮어 물이 졸 때까지 중불에서 찌듯이 굽는다. 그래야 타지 않고 속까지 잘 익는다.

5 물이 모두 졸면 불을 올리고 레드와인을 부어 향이 골고루 배도록 팬을 흔들면서 알코올을 날린다.

6 데미글라스 소스와 남은 생크림을 붓고 미트볼을 잘 굴리면서 소스가 골고루 스며들게 한다.

7 접시에 담고 옆에 베리콩포트를 곁들인 후 딜을 뿌려 완성한다.

제철 과일로 잼(콩포트) 만들기

사실 그다지 잼을 좋아하지 않던 내가 잼을 만들기 시작한 이유는 아이러니하게도 제철 과일을 실컷 즐기고 싶어서였다. 살구가 나오기 시작하는 6월 제철에만 이 맛있는 것을 먹을 수 있다는 아쉬움에 사로잡혀 몇 kg이나 살구를 주문하게 되면, 배가 부르도록 실컷 먹어도 결국은 남게 마련이었다. 그래서 설탕을 넣고 레몬을 듬뿍 짜서 졸여내면 근사한 잼이 되는데 집에서 만든 잼을 경험한 사람은 결코 시판하는 잼은 못 먹을 정도로, 향은 아찔하고 그 맛은 매우 신선하고 달콤하다.

맛있는 잼을 만들려면, 우선 신선한 과일이 필수다. 혹자는 무르거나 상태가 안 좋은 과일로 잼을 만들기도 하는데, 그렇게 해서는 보석처럼 빛나는 향기가 아찔한 맛있는 잼은 결코 얻지 못한다. 요새는 설탕이 들어가는 것을 자제하여 가끔 설탕을 과일의 20% 정도만 넣기도 하는데, 설탕은 자연방부제로 저장성을 높이기 위해 넣기 때문에 적어도 40%는 넘게 넣어야 쉽게 부패하지 않으면서도 맛있는 잼을 얻을 수 있다. 설탕과 레몬즙을 넣고 잘 저으면서 끓이다 주르륵 흐르는 정도의 농도가 되면 맛있는 잼이 완성된 것인데, 식으면서 점도는 더 끈적해진다. 이 농도에 대한 감이 있어야 딱딱하게 굳거나 물처럼 흘러내리는 실패를 피할 수 있는데, 자꾸 하다보면 자신도 모르게 감이 생긴다.

스웨디시 미트볼은 베리류로 만든 잼과 가장 잘 어울리는데, 끈적끈적한 잼보다는 시럽처럼 흐르는 콩포트 형태가 더 잘 어울린다. 우리가 흔하게 먹는 잼은 끈적끈적한 점성으로 부드럽게 발라지는 설탕을 넣고 졸인 과일이라 생각하면 되는데, 과육이 뭉개져 있어 빵이나 스콘에 발라 먹으면 그만이다. 반면에 콩포트는 과육이 살아있어 씹히는 식감이 좋고, 주르륵 흐르는 점성이어서 미트볼 같은 음식에 곁들이거나 요거트 등에 넣어 먹으면 참 잘 어울린다.

베리콩포트

재료(4인분)
냉동베리류(라스베리, 보이즌베리, 블랙베리, 블루베리 등) 1컵
설탕 1/2컵
레몬즙 1큰술

만들기
베리에 설탕, 레몬즙을 넣고 잘 뒤적거린 후
설탕이 잘 스며들도록 잠시 두었다가
약불에 올려 저으면서 농도가 주르륵 흐를 때까지 조린다.

매력적인 잼으로의 변신, '고추'
우리나라 사람들은 고추를 반찬으로 많이 즐기지만, 사실 고추 하나만 잘 활용하면 요리 마지막에 정점을 찍어주는 <고수의 팁>이 되곤 한다. 햄버거나 반미에 청양고추를 잔뜩 다져 넣거나, 피클을 만들 때 청양고추 몇 개만 넣어도 맛이 확 업그레이드 되지만, 무엇보다 내가 고추를 넣기 좋아하는 때는 역시 잼을 만들 때이다. 망고, 블루베리, 라즈베리 같은 베리류로 잼을 만들 때 카스카벨 고추(청량한 매운맛이 나는 멕시코 고추) 피클을 다져 넣으면 첫맛은 새콤달콤하고 끝맛은 톡 쏘는 듯이 매운, 매력적인 잼으로 변신한다. 이렇게 고추를 넣은 잼을 나는 부르기 편한 대로 '페퍼잼'이라 부르는데, 그 묘한 맛에 사람들이 감탄하는, 특히 단것을 싫어하는 남자들도 좋아하는 매력 가득한 잼이다. 넉넉히 만들어놓고 고기와 함께 즐기곤 했는데, 달콤하면서도 입 주변이 벌게질 정도로 얼얼하고 개운한 뒷맛이 마치 반전매력의 이성 친구 같은 느낌이다.

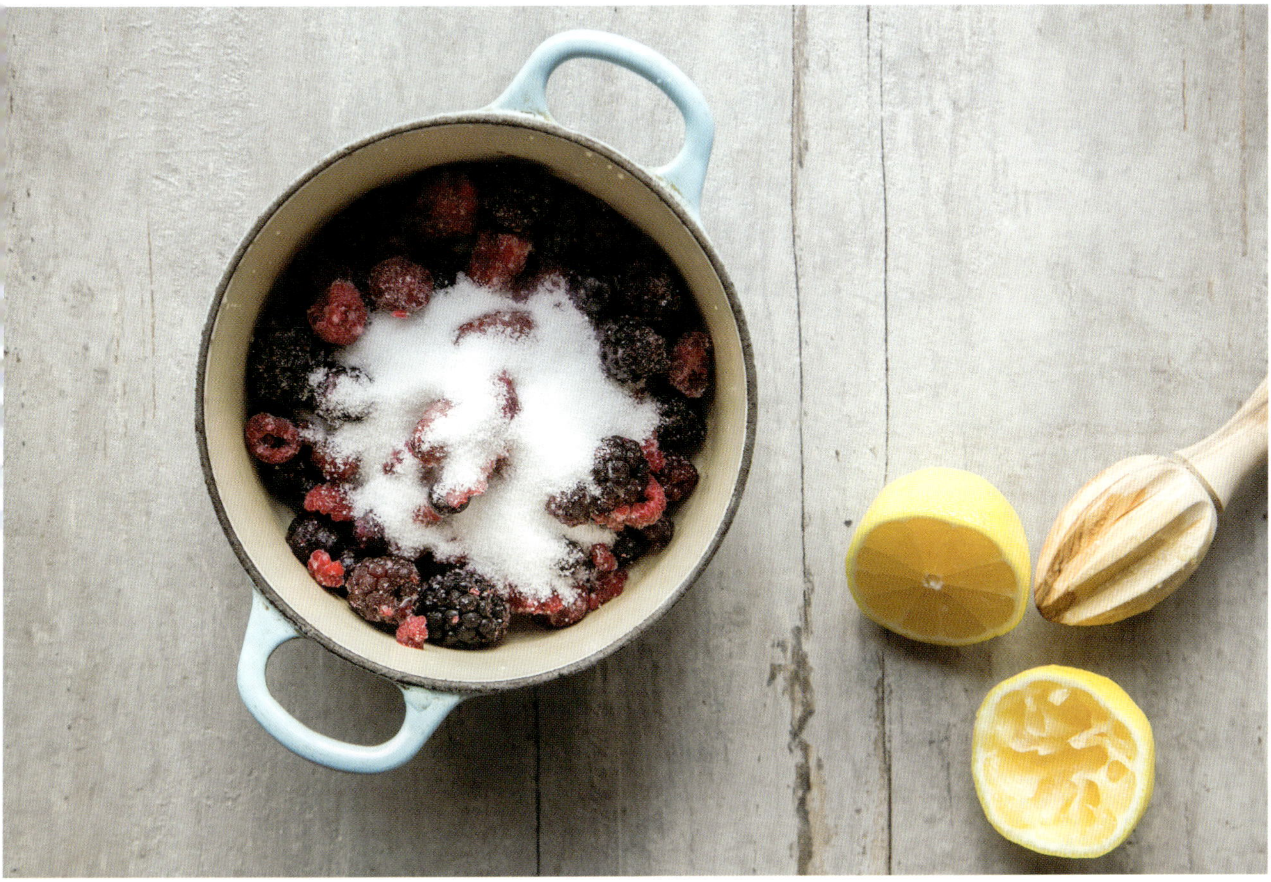

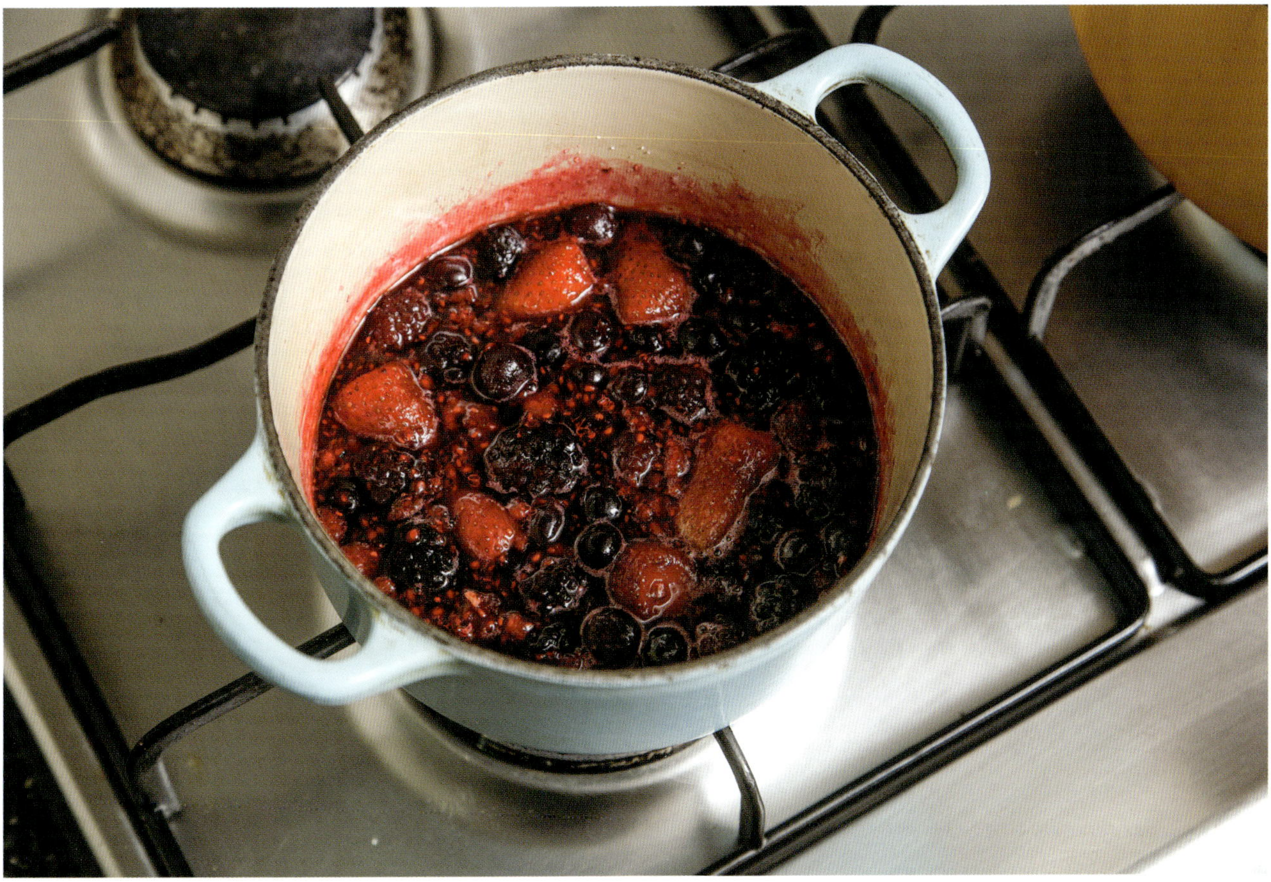

TABLE RECIPE

내가 판 첫 메뉴

프렌치
어니언 수프
French Onion Soup

재료(4인분)
양파 6 ~ 7개
버터 3큰술
비프 브로스 6 ~ 7컵
밀가루 2작은술
레드와인 1/2컵
소금 2작은술
설탕 1작은술
타임 3 ~ 4줄기
월계수잎 1장
후추 2꼬집
바게트 7 ~ 8쪽
그뤼에르 치즈 2컵

스웨디시 미트볼의 추억을 이야기하고 있자니 내게는 공식적으로는 처음 다른 이들에게 선보였던 '프렌치 어니언 수프' 이야기를 빼놓고 가기가 서운하다. 사실 프렌치 어니언 수프는 어린 시절 아빠가 종종 데려가주셨던 한남동 언저리의 작은 프랑스 가정식 레스토랑에서 처음 맛보고는 충격에 가까운 감동을 받았던 메뉴였다. 맵고 알싸한 양파는 오랜 시간 무쇠냄비에서 갈색이 나고 흐물해질 정도로 볶아져 달큼하고도 깊은 감칠맛이 난다. 여기에 섞인 레드와인과 쿰쿰하고 꼬릿한 그뤼에르 치즈의 짭잘한 풍미, 살짝 수프에 적신 바삭한 바게트의 삼박자가 너무나도 잘 어울려 한 번 스푼을 들면 식탁에 내려놓기가 어려울세라 그릇이 비워지곤 했다.

어릴 때 허약해서 겨우내 늘 감기를 달고 살았던 내게 아빠는 양파를 한 망씩 사다가 반나절 푹 끓여주곤 하셨는데, 사골을 끓인 듯한 노오란 기름이 떠있던 양파 달인 물은 먹기엔 좀 곤혹스러웠지만 땀을 주욱 흘리면서 한 그릇 먹고 나면 지독한 감기도 싹 달아나는 느낌이었다. 프렌치 어니언 수프도 먹고 나면 땀이 흠뻑 나고 기운이 불끈 솟는 그런 경험도 경험이지만, 너무 맛있기도 하고 든든하기도 해서 겨울이면 심심찮게 끓여 저녁메뉴로 내곤 한다.

대략 한 끼의 양으로 6 ~ 7개의 양파를 채썰어 볶는데, 양파를 이 정도 양으로 썰면 거의 도마 위에 수북이 쌓인다. 이렇게 많은 양의 양파를 갈색이 나게 볶는다는 것은 여간 어려운 일이 아니지만, 인내심을 갖고 30 ~ 40분 충분히 볶으면 양파의 톡 쏘는 매콤함은 언제 그랬냐는 듯이 없어지고 달큼하고 깊은 감칠맛이 더해진다. 이 과정이 제대로 이루어져야만 맛있는 양파 수프를 기대할 수 있다. 사실 처음 이 메뉴를 커뮤니티 사람들에게 선보였을 때 대부분은 프렌치 어니언 수프의 매력에 반해서 주문을 했다기보다는 순전히 어떤 메뉴인가 하는 호기심 때문이었다고 한다. 200개의 양파를 까던 그 날, 웬만해서는 양파의 프로페닐스르펜산에 둔감한 것인지 눈물 흘리는 일이라곤 없는 내가, 까도 까도 계속 까야 했던 양파 앞에서 눈물 아닌 눈물을 흘렸던 기억이 이제와 생각하니 참 재미있다.

우리 집 초인종에 불이 나도록 사람들이 들락거리며 받았던 양파 수프는, 내가 처음 먹었던 그 기억처럼 사람들에게도 큰 감동을 주었던 것 같다. 프랑스의 가정식이지만 사람들에게 익숙하게 다가왔던 이유는 아마 한국음식에 양파를 많이 사용하기 때문이기도 하고, 쿰쿰한 치즈향이 청국장과 된장에 익숙한 우리에게 낯설지 않게 다가왔기 때문이리라. 그러나 무엇보다 사람들을 행복하게 했던 것은 200개의 양파를 까면서도 지치지 않고 즐겁고 열심히 만들었던 내 음식에서 '따뜻함'을 느꼈기 때문이라고 그렇게 감히 생각해본다.

그뤼에르 치즈
스위스에서 에멘탈 치즈 다음으로 많이 생산되는 치즈인 그뤼에르는 쿰쿰한 냄새 때문에 처음에는 거부감이 들기도 하지만, 감칠맛이 도는 진하고 짭짤한 풍미 뒤에 꽤 오랫동안 머무는 달콤한 여운과 깔끔한 뒷맛 때문에 많은 사람들에게 사랑받는 치즈이다. 나 역시 좋아하는 치즈를 고르라면 그뤼에르 치즈를 빠지지 않고 꼽는데, 치즈의 짭짤함과 고소함, 단맛이 조화를 이루고 있어 와인과 건살구에 심심찮게 곁들여 먹기도 하고, 크로크 무슈(croque monsieur)나 퐁뒤, 갈레트 등 다양한 요리에 사용하곤 한다.

1 비프스톡으로 비프 브로스를 만든다. 물 200㎖에 스톡 1/2큰술이 기준이다. 비프스톡이 없으면 치킨스톡으로 대체하거나 양지 300g을 물 7~8컵을 넣고 진하게 우려 육수로 사용한다.
2 바닥이 두꺼운 솥을 달구어 버터를 두르고 너무 가늘지 않게 채썬 양파를 넣고 중불에서 갈색이 될 때까지 충분히 볶는다.
3 양파가 갈색으로 캐러멜라이즈 되면 밀가루를 조금 넣고 잘 섞은 후, 레드와인을 붓고 강불로 올린다.
4 3에 비프 브로스, 소금, 후추, 설탕을 넣고 50분 이상 뭉근히 끓인다. 이 때 타임이나 월계수잎을 넣어 향을 더한다.
5 개인용 수프볼이나 오븐용기에 수프를 담고 바게트를 올린 후 그뤼에르 치즈를 듬뿍 갈아서 넣고 200℃로 예열된 오븐에 7~8분 넣었다가 꺼내서 타임 줄기를 올려 서브한다.

TABLE RECIPE

아빠가 만들어주시던

궁중 갈비찜
Galbi Jjim

재료(6인분)
갈비 2kg
청주 1/2컵
무 1/4개
당근 1개
표고버섯 2개
대추 3 ~ 4알
밤 10알
은행 5알
마늘 4알

양념장
간장 1컵
국간장 2큰술
와인 1큰술
꿀(또는 설탕) 2큰술
참기름 3큰술
후추 1/2큰술
매실액 2큰술
양파(갈아서) 1개
배(갈아서) 1/2개
다진 마늘 2큰술

나는 요리할 운명을 타고났는지 먹는 것을 좋아하고, 요리를 좋아하는 아빠가 해주시는 대구탕, 갈비찜, 삼계탕 같은 〈아빠의 특별식〉을 먹으며 자랐다. 섬세하고 정갈하며 빼어난 요리 실력을 갖추신 시어머니마저도 이것만은 너에게 맡긴다 하셨던 메뉴가 있었으니, 그것은 아빠의 비법을 전수받은 다름 아닌 갈비찜이었다.

유독 큰딸인 나를 예뻐하셨던 아빠는 내가 친정에 놀러가는 날이면 늘 갈비찜을 해놓으셨다. 원래는 딸이 아빠를 위해 만들어야 하는데 아빠가 딸을 위해 만드셔서 그랬는지, 목이 멜 정도로 맛있었던 아빠의 궁중 갈비찜……

"아빠, 이거 어떻게 만들어요?"하고 묻는 내게, "포인트는 배를 갈아 넣는 거야"하면서 넌지시 일러주시던 아빠는 노트를 부―욱 찢어서 레시피도 적어주셨는데, 그 레시피는 아직도 소중히 잘 간직하고 있다.

1 갈비는 찬물에 담가 중간중간 물을 갈아가면서 3 ~ 4시간 핏물을 뺀다.
2 체에 건져낸 갈비에 청주를 휘휘 뿌리고 30분 그대로 두었다가 냄비에 넣고 한번 부르르 끓여서 헹궈 놓는다.
3 무와 당근은 어느 정도 크기가 있게 자르고, 표고버섯은 밑동을 떼어내고 큼직하게 자른다.
4 양념장 재료를 잘 섞은 다음 냄비에 갈비를 넣고 양념장 2/3를 먼저 부어 뒤적거리면서 잘 익힌다. 익히면서 불을 강불 → 중약불로 조절한다.
5 고기가 어느 정도 익으면 무, 당근, 버섯, 대추, 밤, 은행, 마늘 등을 넣고 나머지 양념장도 부은 다음, 뚜껑을 덮고 약불에서 30 ~ 40분 뭉근히 끓인다.

압력솥을 사용할 경우
무, 당근, 밤, 대추, 은행 등은 마지막 10분을 남겨둔 채 불을 끄고 압력을 뺀 후 넣어, 다시 10분 정도 가열한다. 이렇게 하면 적당히 익은 무른 채소의 맛이 별미이다.

TABLE RECIPE

영국음식의 재발견
셰퍼드 파이
Sepherd's Pie

재료(4인분)
감자 870g
양파 1개
당근 1개
셀러리 1대
포도씨유 1~2큰술
다진 쇠고기 400g
소금 1큰술
우스터소스 1.5큰술
토마토 퓌레 1/2큰술
잉글리시 머스터드 1작은술
레드와인 75㎖
닭육수 160㎖
생크림 2큰술
넛맥 1/2작은술
버터 35g
다진 마늘 1쪽
타임 3~4줄기
후추 1작은술

"영국음식은 맛이 없어."
"영국 가면 대체 먹을 게 뭐가 있지? 피시 앤 칩스?"

우리가 영국음식에 대해 갖는 편견이다. 한 달에 열흘은 유럽으로 출장을 다녀오시곤 했던 아빠도 영국에만 다녀오시면 음식이 너무 맛이 없었다며 엄마가 얼큰하게 끓인 김치콩나물국을 정신없이 드셨던 기억이 난다. 전 세계에서 가장 가보고 싶은 도시가 런던임에도 불구하고 아직 영국을 가본 적 없던 나는, 철저하게 〈제이미 올리버Jamie Oliver〉와 〈런던〉에 빠져 있던 요리를 꽤나 잘하던 친구가 하나 생기면서 영국음식에 대한 기준이 바뀌었다. 그는 늘 영국요리에서 영감을 받아 여러 요리를 만들어주었는데, 소박하고 꾸밈이 없으면서도 재료의 본질이 잘 드러나는 따뜻한 맛에 '아, 영국요리는 이런 맛이 나는구나!' 하고 감탄하였다.

사실 〈오토렝기Ottolenghi〉 같은 훌륭한 레스토랑도, 우리가 사랑하는 맛있는 제품을

생산하는 〈웨이트로즈Waitrose〉도, 세상에서 가장 맛있는 잼을 만드는 청년 〈프레이저 도허티Praiser Doherty의 수퍼잼〉도, 우리가 즐겨보는 〈제이미 올리버Jamie Oliver의 요리 프로그램〉도 생각해보면 모두 영국에서 온 것들이다. 브랜딩branding에 강하고 자신이 만든 것들에 엄청난 자부심을 갖는 데다 그만한 퀄리티가 뒷받침되는 나라 영국. 무심한 듯 냉정하고 촌스러운 발음마저도 멋지게 들리는 걸 보니 어쩌면 나도 영국에 흠뻑 빠져버린 게 아닌가 생각할 즈음, 나는 영국음식을 투박하지 않고 세련되게 풀어낸 서래마을의 한 영국음식점에서 맛본 '셰퍼드 파이'에 적잖이 충격을 받았다. 내가 기억하는 셰퍼드 파이는 서걱거리는 감자가 거칠게 씹히고, 고기냄새가 심해 역시나 투박한 영국음식이라고 느껴지는 그런 맛이었는데, 그곳의 감자는 구름같이 폭신했고 부드러웠으며, 입 안 가득 씹히는 타임향의 고기는 묵직하면서도 깊은 풍미가 가득했으니 말이다. 그 맛에 반해 얼마나 많은 셰퍼드 파이를 만들어 먹었던지…… 오븐에서 한 번 더 구워져 나온 진득하게 졸아든 고기에서는 와인향이 감돌고, 푹 삶아서 체에 내린 감자의 부드러움은 이루 말할 수가 없었다. 내가 가장 좋아하는 고기요리를 손꼽으라면 아마도 베스트 3 안에는 들지도 모를 영국인의 소울푸드 셰퍼드 파이. 셰퍼드 파이를 만들어보면 이제껏 당신이 가졌던 영국요리에 대한 편견이 사라질지도 모른다.

1 감자는 껍질을 벗기고 큼직하게 썰어 전분기가 빠지도록 물에 담가놓고 양파, 당근, 셀러리는 다져 놓는다.
2 냄비에 감자가 폭 잠기게 물을 붓고 소금 1큰술을 넣어 삶는다.
3 냄비를 달구어 포도씨유를 두르고 양파를 볶다가 투명해지면 셀러리, 당근을 넣어 같이 볶는다. 어느 정도 채소가 익으면 고기와 마늘을 넣어 갈색이 날 때까지 볶는다.
4 볶은 채소냄비에 우스터소스, 토마토 퓌레, 겨자, 후추를 넣어 잘 섞은 다음, 레드와인과 닭육수를 부어 액체가 잘 스며들 때까지 뭉근하게 끓이는데, 이때 타임을 넣는다.
5 감자가 익으면 포테이토 매셔로 으깨어 체에 한번 내린 다음 생크림, 넛맥, 버터를 넣어 재빨리 가볍게 골고루 잘 섞는다.
6 내열용기에 고기와 채소 볶은 것을 골고루 담고 그 위에 감자를 듬뿍 올린다. 스푼 등으로 모양을 내고 200°C로 예열한 오븐에 35 ~ 40분 굽는다.

TABLE RECIPE

거부할 수 없는 매력

반미
Bánh Mi

재료(4인분)
무 1/6개
당근 1/2개
돼지고기 삼겹살(또는 목살) 300g
바게트(긴 것) 1개
마요네즈 3~4큰술
스리라차 소스(또는 칠리소스) 1~2큰술
고수 1줌
청양고추 1~2개

고기 양념
간장 2큰술
굴소스 1큰술
설탕 4작은술
참기름 1큰술
다진 마늘 1큰술

피클 양념
식초 3큰술
설탕 3큰술
소금 1큰술

나만의 스트레스 해소법이 하나 있다면 바게트 안에 고기, 고수, 핫소스 그리고 청양고추와 피클을 듬뿍 넣은 반미를 만들어 먹는 것이다. 혀 안이 얼얼하게 매울 정도로 매운 핫소스와 숨겨진 한방의 킥처럼 알싸하고 매콤한 청양고추가 어우러진 맛이라니…… 땀이 송글송글 맺히면서 먹는 반미는 프랑스가 베트남을 지배하던 시절, 프랑스 식문화의 영향으로 쌀로 만든 바게트에 베트남 스타일로 조리한 재료를 넣어 만든 샌드위치이다. 프랑스처럼 시크한 바게트와 피시소스 냄새가 폴폴 나는 고기 소가 꽉 찬 반미는 한국인의 입맛에도 잘 어울린다. 고수나 청양고추는 기호에 따라 선택해도 되지만 듬뿍 넣어 먹으면 그동안의 스트레스를 모두 날려버리는 듯하다.

1 무와 당근은 가늘게 채썰어 피클 양념에 1시간 동안 담가 숙성시킨다.
2 삼겹살은 고기양념과 버무려 30분 이상 재워둔다.
3 팬이나 그릴을 잘 달구어 삼겹살을 구운 다음 먹기 좋은 크기로 채썬다.
4 긴 바게트를 4등분하고 각각을 다시 반으로 갈라 스리라차 소스와 마요네즈를 듬뿍 바른다.
5 피클 양념에 숙성시킨 당근과 무는 물기를 꼭 짜서 빵 사이에 넣고, 그 위에 구운 고기를 얹는다.
6 취향에 따라 고수, 잘게 썬 청양고추 또는 달걀프라이를 넣는다.

TABLE RECIPE

중독성 있는 맛

발사믹 등갈비
Balsamic Back Ribs

재료
등갈비 600g
월계수잎 1~2장
미림 1/2컵
통후추 1/2 작은술
통마늘 3쪽

등갈비 소스
물 1/2컵
양조간장 2큰술
우스터소스(또는 돈까스소스) 2큰술
케첩 1큰술
매운 칠리소스 1큰술(선택)
발사믹 식초 5큰술
화이트와인 식초 3큰술
꿀 5큰술
올리브오일 2큰술
다진 마늘 3큰술

돼지고기 중에서 가장 맛있는 부위는 우리가 '립rib'이라 부르는 갈비 부분인 것 같다. 신선한 돼지갈비는 별도의 양념 없이 구워 소금에만 찍어 먹어도 맛있지만, 특히 립 가운데에 칼집을 내서 구운 후 양손으로 잡고 뜯어 먹는 재미도 있다. 또한, 기름기가 적당하고 고소한 맛의 돼지갈비는 한입 뜯어 먹었을 때 웃음이 절로 나는 맛이다. 이른바 텍스멕스 립tex-mex ribs, 바비큐 립barbecue ribs이라 부르는 등갈비에 양념을 묻힌 등갈비 구이는 패밀리 레스토랑에서나 먹는 메뉴라고 생각하기 쉽지만, 신선한 재료와 여러 조미료를 섞지 않은 심플한 소스로 직접 만드는 홈메이드 립은 사실 파는 것과는 비교가 안 될 정도로 맛있다. 신선한 등갈비를 사와 양념에 재고, 등갈비 구이를 하는 날이면 아이들은 손가락까지 쪽쪽 소리를 내며 빨아 먹는데, 이런 날만은 정말 먹지 않아도 눈과 귀로 배가 불러지는 그런 흐뭇한 날이다.

1 등갈비는 불순물을 떼어내고 물에 30분 정도 담가 핏물을 뺀 다음 가운데 부분에 살짝 칼집을 넣어준다.
2 냄비에 등갈비, 월계수잎, 미림, 통후추를 넣은 뒤 고기가 잠길 정도로 물을 부어 15~20분 삶은 다음 물을 따라낸다.
3 소스 재료를 잘 섞은 다음 소스팬에 20분정도 조린다.
4 팬에 삶은 등갈비, 조린 소스, 통마늘을 넣고 같이 조리는데, 중간중간에 소스를 끼얹으면서 고기에 잘 배게 한다.
5 어느 정도 고기가 익으면 오븐용기에 옮겨담아 180℃ 오븐에 20분 동안 더 굽는다.

TABLE RECIPE

홈메이드 라구

볼로네제
Ragu Alla Bolognese

재료(4인분)
당근 1/2개
양파 1개
셀러리 1대
마늘 3쪽
버터 1큰술
올리브오일 2큰술
판체타(또는 프로슈토) 200g
다진 소고기(양지, 등심, 안심 중 선택) 600g

토마토 페이스트 2큰술
우유 1/2컵
토마토홀 1/2캔
레드와인 1/2병
소고기 육수(또는 치킨 육수) 1ℓ
월계수잎 1 ~ 2장
파르메산 치즈 1컵
포르치니 버섯 1/2줌(선택)
소금 1/2 ~ 1큰술

내가 매우 좋아하는 음식 중 하나가 엄마가 끓여주시던 한겨울의 곰국이다. 반나절 이상 핏물을 뺀 소뼈와 양지, 사태를 덩어리 채 넣고 하루 종일 고아 뽀얗게 우려낸 국물을 먹는 것은 물론이고, 아주 오래 삶아 거의 뭉개질 정도로 부드러운 양지와 사태를 찢어서 양념장에 찍어 먹으면, 그 고소하고 진한 고기의 풍미가 입에서 살살 녹아내린다. 그 뿐인가! 별다른 양념 없이도 진하고 든든한 우윳빛 국물은 담백하고도 고소하고 깊은 맛이 난다. 일주일을 두고두고 먹어도 질리지 않는 그 맛은, 어린 시절의 겨울이 떠오르는 향수 어린 맛이다.

이제는 나도 그 시절의 엄마 나이가 되었고, 자식들 튼튼하게 크라고 한솥 가득 곰국을 끓여주시던 엄마의 마음을 갖기엔 멀고도 멀었지만, 일하지 않는 주말이 되면 으레 아이들을 위해 '라구 볼로네제'를 만들곤 한다. 맛도 형태도 다른데 늘 엄마의 그 시절 그 곰국이 떠오르는 이유가 무엇인지 모르겠다. 하지만 무언가 오랜 시간 정성을 들여 만들고 아이들이 무서운 속도로 접시를 비우는 모습을 보면 엉망진창이 된

부엌도 괜히 일을 벌였나 싶은 후회도 온데간데없이 사라지고 영양 가득한 한 끼를 먹였다는 만족감에 나도 모르게 미소가 지어지곤 한다.

'라구ragu'는 원래 프랑스어 '라구ragoût'에서 유래했지만 이탈리아 볼로냐 지방에서 유명해진 이탈리아의 대표적인 고기 소스이다. 다진 고기에 당근, 양파, 셀러리를 잘게 다져 볶은 후(이를 미르푸아라고 한다) 와인과 토마토를 넣고 낮은 불에서 아주 오랜 시간 끓인다. 재료의 맛이 서서히 우러나 부드러워진 고기의 풍미가 환상적이다. 마음이 한가로운 주말 아침부터 한가득 끓여 놓으면 가족 모두 따뜻한 한 끼를 즐길 수 있다. 넉넉하게 만들어서 냉동보관해 놓으면 가끔 진하고 풍미 깊은 고기맛이 그리운 날, 탈리아텔레tagliatelle(길고 넓적한 파스타)만 휘리릭 삶아서 소스를 부어내면 그 진하고 깊은 맛에 할 말을 잃을지도 모른다.

미르푸아(mirepoix)
당근, 양파, 셀러리, 월계수잎, 백리향 등을 주사위 모양으로 잘게 다져서 혼합한 것. 양파, 당근, 셀러리를 2:1:1로 섞어 갈색이 나게 기름이나 버터에 볶거나 신선한 상태 그대로 사용한다. 대개 스톡, 수프, 브레이즈, 스튜의 향미를 내는데 사용한다.

1 당근, 양파, 셀러리, 마늘은 잘게 다져 놓는다. 달군 냄비에 버터를 넣고 올리브오일을 두른 다음 다진 채소를 넣어 양파가 투명해질 때까지 볶아 그릇에 옮겨 놓는다.

2 다시 냄비를 강불에 달구어 잘게 자른 판체타를 튀기듯이 바싹 볶고 그릇에 옮겨 놓는다.

3 다시 그 냄비에 다진 소고기를 넣고 바삭하게 갈색이 나도록 볶는다.

4 볶은 고기에 판체타, 볶은 채소, 토마토 페이스트를 넣고 다시 볶는다. 어느 정도 페이스트가 고기에 잘 스며들면 우유를 붓고 수분이 날아가도록 끓인 후, 토마토홀과 레드와인을 고기가 살짝 덮일 정도로 자작하게 부어 뚜껑을 닫고 끓인다.

5 중간중간 뚜껑을 열어보면서 액체가 모두 증발했을 때 육수를 부어가면서 뭉근히 푹 끓인다. 이렇게 육수나 와인을 중간에 보충해야 타지 않는다. 눌어붙지 않도록 자주 뒤적거리면서 4~5시간 푹 끓인다.

6 완성되기 1시간 전에 월계수잎을 넣고, 파르메산 치즈도 듬뿍 넣는다. 포르치니 버섯을 미리 물에 불렸다가 잘게 다져서 넣거나 불린 물을 넣어도 좋다. 간도 이 때 해야 짜지지 않는다.

7 완성된 볼로네제는 탈리아텔레 같은 넓적한 면에 듬뿍 얹어 먹으면 맛있다.

포르치니 버섯
크림처럼 녹는 부드러운 질감과 고기 같은 풍미가 나는 향이 매우 좋은 버섯. 주로 말린 버섯을 많이 사용하는데, 불렸다가 리소토에 넣기도 한다. 요리에 넣으면 풍미가 훨씬 깊어진다.

코파(coppa), 판체타(pancetta), 프로슈토(prosciutto)
돼지 부위에 따라 소금에 절인 이탈리아 햄. 시간이 지나면서 깊은 풍미와 농축된 맛을 자랑한다. 판체타는 뱃살을, 코파는 어깨살을, 프로슈토는 다릿살로 만드는데, 부위에 따라 식감과 맛이 다르다.

TABLE RECIPE

가장 싫어하는 메뉴였던

함박스테이크
Hamburger Steak

재료(4인분)
양파 1/2개
버터 1작은술
밀가루 2/3작은술
식빵(또는 호밀비스킷) 40g
다진 소고기 300g
다진 돼지고기 200g
달걀 5개
소금 1작은술
넛맥 1/2작은술
후추 1작은술
올리브오일 1~2큰술
이탈리안 파슬리 1줌

소스
다진 양파 1/4개
화이트와인 1큰술
간장 1큰술
케첩 1큰술
미림 1/2큰술
우스터소스 1/2큰술
물 1큰술
다진 마늘 1/2작은술
후추 1작은술
버터 1/2큰술

솔직히 이야기하자면, 함박스테이크는 내가 가장 싫어하는 메뉴 중 하나였다. 스테이크면 스테이크이고, 돈까스면 돈까스지 고기를 갈아서 뭉쳐서 구운 것도 마음에 안 드는 데 어릴 때 나가서 종종 먹었던 함박스테이크는 거의 돼지고기의 누린내가 심하게 났었다. 그러던 내가 함박스테이크에 열광하게 된 계기는 오히려 성인이 되어서였다. 홍대에 놀러 갔었던 어느 여름날, 저녁을 먹으러 어슬렁거리다 발견한 2층의 작은 식당. 계단을 타고 길게 늘어선 줄 하나를 발견했다. "이게 무슨 줄이 이렇게 길지?"하고 올려다 본 나의 눈에는 〈함박식당〉이라는 간판이 눈에 들어왔다. 줄의 근원지는 다름 아닌 작은 함박스테이크 식당이었다. 도대체 뭐가 그렇게 대단해서 1시간은 기다려야 할 정도의 긴 줄이 늘어서 있는 건지 궁금해진 나는, 그 대열에 합류하기로 마음먹었다.

정확히 1시간 20분을 기다려서야 테이블에 앉았다. 지글지글한 철판 위에 손바닥만 한 동그란 함박, 그 위에 달걀프라이…… "함박스테이크가 함박스테이크지"라고 생각하며 칼로 고기를 두껍게 자른다. 부드럽고 감칠맛 나는 데미글라스 소스에 촉촉히 젖어든 노른자가 고기의 부드러움을 더하고, 육질이 느껴질 정도로 잘 다져진 고기는 철판 위에서 잔열로 지글지글 알맞게 익어 있었다.

그러니까 이 함박스테이크는 어린 시절 하얀 플라스틱 접시 위에 덩그러니 무심하게 놓여 있던 다 식은 그런 맛없는 고기가 아니었던 거다. 뜨거운 철판에 좋은 소고기와 돼지고기를 다지고 열심히 치대서 맛있게 구워낸 함박스테이크, 그 위에 듬뿍 뿌려진 데미글라스 소스와 얹혀진 윤기 나는 달걀프라이는 그 어떤 커플의 궁합보다도 더 잘 맞았다. 그때의 그 감흥을 잊지 못하고, 얼마 지나지 않아 집에서 다시 함박스테이크를 만들었는데 집에서 직접 만든 우스터소스, 호밀비스킷을 넣어 씹는 느낌을 살린 육즙 가득한 함박스테이크의 맛은 그야말로 최고였다.

1 양파는 잘게 다져서 버터에 볶고 식힌 다음 밀가루를 섞어둔다.
2 식빵은 구워서 식혔다가 커터에 갈아 놓고, 파슬리는 잘게 다져 놓는다.
3 돼지고기, 소고기에 소금을 넣고 2~3분 잘 반죽한 다음 넛맥, 후추를 넣고 섞는다.
4 빵가루, 양파, 달걀 1개, 파슬리를 넣어 골고루 섞은 다음, 햄버거 패티모양으로 동그랗게 만든다.
이 때 양손으로 야구공을 주고받듯이 10번 정도 치대면서 중간중간 눌러주어 공기를 뺀다.
5 프라이팬을 달구어 오일을 두르고 고기를 중간불로 굽는다. 앞뒤가 골고루 익은 듯이 보이면
오븐용기에 담아 180℃ 오븐에 7~8분 굽는다. 고기를 굽는 동안 달걀 4개를 프라이한다.
6 소스팬에 버터를 제외한 소스 재료를 넣고 불에 올려 끓기 시작하면 버터를 넣고 잘 섞는다.
숟가락으로 떠서 주르륵 흐르는 농도까지 조린다.
7 접시에 소스를 깔고 오븐에서 꺼낸 스테이크를 올린 다음, 달걀프라이를 곁들여 낸다.
이 때 아스파라거스를 구워서 가니쉬로 함께 내도 좋다.

TABLE EPISODE
03

EGG
달 걀

나는 완벽한 달걀 성애자다. 아니 엄밀히 말하면 노른자 성애자라고 일컬어도 좋을 것 같다. 신선한 달걀을 달군 프라이팬에 톡 깨서 넣고 치익—하며 지글지글 익는 동안 나는 아주 리드미컬하게 솔트밀을 돌려 소금을 골고루 뿌린 후 접시에 옮기지 않은 채 프라이팬에서 흰자부터 먹는다. 약간 튀기듯이 구워진 달걀흰자가 바삭하는 소리를 내며 경쾌하게 입 안에서 부서지고, 너무 뜨거운 나머지 눈물이 찔끔 나지만 그쯤은 아무것도 아니다. 어느새 노른자만 동그랗게 남긴 채 뒤돌아 스푼을 가져오는 내 마음은 그 어느 때보다 설렌다. 노른자를 순가락으로 스윽 들어 입 안에 밀어 넣는다. 짭짤한 소금이 살짝 미온인 노른자에 스미듯이 섞이면서 고소하고 진득한 맛과 절묘하게 조화를 이룰 즈음 나는 탄성을 지르고 만다.
"으음…… 이 맛이야……"
그 뿐인가? 익지 않은 노른자를 못 먹는 우리 집 두 꼬마가 지각이라도 할라치면 예쁜 노른자가 봉긋하게 솟은 달걀프라이를 밥에 올려 간장으로 간을 하고 마지막에 참기름 한 방울 톡 떨어뜨려 비비면, 시리얼보다는 덜 미안한 든든한 아침식사가 된다.
아침에 밥과 국 먹기를 좋아하지 않는 내가, 브런치를 만들 때도 가장 많이 사용하는 게 달걀이고, 밥 반찬이 시원찮은 날 가장 만만하게 집어 들게 되는 것도 달걀이다. 그 뿐만이 아니다. 사실 너무 흔하고 너무 뻔해서 빛이 나지 않지만, 내가 사랑하는 베이킹 재료로 밀가루만큼이나 자주 등장하는 단골손님도 달걀이니, 이쯤 되면 내가 왜 달걀을 사랑하게 되었는지 굳이 이유를 대지 않아도 될 것이고, 아마도 그래서 전 세계인의 사랑을 받지 않을까 싶다.

"뭐니뭐니 해도
　　달걀프라이가 최고인 듯!"

"소금 살짝 뿌려서
　　한 입에 호로록~"

달걀의 필요충분 조건

나는 다른 식재를 덜 사더라도 달걀만은 꼭 자연방사한 닭의 유기농 유정란만을 고집한다. 언젠가 아주 열악한 축사에서 목을 돌릴 수도 없는 닭장에 갇혀 서로의 목을 쪼아대며 피가 나는 닭들을 방송에서 보고 마음이 무지 아팠던 적이 있었다. 이 닭들의 환경도 문제지만 키워지는 방식은 더 문제였다. 눈 뜨고는 못 볼 환경에서 자라는 닭들은 생산성을 높이고, 더러운 축사에서 얻어지는 각종 질병에 대한 면역력을 키우기 위해 항생제와 각종 약물을 투여 받고 자란다. 죽을 때까지 햇빛 한 번 못보고 좁고 더러운 철창 안에서 기계처럼 자란 닭들이 낳은 달걀은, 그야말로 각종 스트레스와 약물이 총체적으로 집약된 불쌍한 생명체라는 생각이 들다보니 가격이 두 배로 비싸도 좋은 달걀을 고를 수밖에 없었다. 깨끗한 자연환경에서 건강한 유기농 모이를 먹고 자라 항생제를 맞을 필요 없는 건강한 닭들은 하루 종일 벌레와 열매를 콕콕 찍어대며 본성대로 즐겁게 자란다. 이렇게 자연의 섭리대로 자유롭게 자란 닭들이 낳은 알이 훨씬 맛있을 수밖에 없다는 것은 상식적으로도 이해할 수 있는 일이다. 실제로 신선한 달걀이 필수인 수란을 만들다보면 금세 어떤 달걀이 좋은지에 대한 기준이 생긴다. 여러 종류의 달걀로 수란을 만들어보았지만 자연방사한 유정란이 가장 예쁘고 먹음직스럽게 만들어지는데, 방법만 잘 익히면 실패할 확률도 적어진다. 맛도 월등히 좋은 것은 두말할 필요도 없다. 갓 낳은 자연방사 유정란은 노른자 특유의 비린내가 안 나고 고소하다. 건강한 닭이 낳은 신선한 달걀은 맛있는 달걀요리를 위한 필요충분 조건이다.

삶은 달걀의 매력

달걀은 완벽하게 삶아서 냉면 위나 시저샐러드의 가니쉬로, 아니면 조금 말랑하게 삶아서 호로록 소금에 찍어먹거나, 완벽하게 덜 익혀서 아예 껍질도 까지 않은 채 윗부분만 톡 깨서 소금을 약간 넣고 아스파라거스나 길쭉하게 자른 구운 토스트를 찍어먹으면 그렇게 별미일 수가 없다. 그러나 〈완벽하게 달걀 삶는 법〉을 숙지하는 사람은 많지 않을 것이다. 워낙 달걀을 좋아하다 보니 미셸 루Michel Roux의 『에그Eggs』라는 책을 빌려다 몇 번이고 읽었는데, 이 책을 보면 완벽한 달걀을 삶는 최고의 지침이 안내되어 있다. 어떻게 삶든 일단 완벽한 달걀을 삶기 위해서는 적어도 2시간 전에 달걀을 실온에 꺼내두어야 삶는 동안 깨지지 않는다.

Soft - boiled egg 노른자가 흐르는 반숙
물을 냄비에 넉넉하게 붓고 달걀을 넣어 중불에서 끓이다가 물이 끓어오르는 시점에서 1분 ~ 1분 30초 후에 꺼낸다. 1분에 꺼내면 흰자가 매우 호들호들한 액체 같은 질감이고, 1분 30초에 꺼내면 그보다 살짝 단단하다. 냄비에서 꺼낸 달걀은 에그홀더에 얹어 서빙하는데 남아있는 온기로 달걀이 계속 익는다.

Mollet egg 노른자가 반쯤 익은 반숙
프랑스어로 mollet는 부드럽다는 의미이며, œuf mollet는 반숙달걀을 일컫는 총칭이다. soft - boiled보다는 노른자가 다소 단단하고 부서지는 식감으로 익지만 완전히 익은 상태가 아니다. 역시 물을 냄비에 넉넉하게 붓고 달걀을 넣어 중불에서 끓이다가 물이 끓어오르는 시점에서 3분 삶아 꺼내어 얼음물에 10분 담가둔다. 물이 끓어오르는 시점을 잡기 어려우면 끓기 시작할 때 달걀을 넣고 6분 삶다가 꺼내어 얼음물에 10분 담가둔다.

Hard - boiled egg 완숙
물을 냄비에 넉넉하게 붓고 달걀을 넣어 중불에서 끓이다가 물이 끓어오르는 시점에서 6분 삶아 꺼내어 얼음물에 10분 담가둔다. 이것도 마찬가지로 끓는 시점을 잡기 어려우면 끓기 시작할 때 달걀을 넣고 9분 삶다가 꺼내어 얼음물에 10분 담가둔다. 껍질을 벗길 때는 먼저 달걀의 공기주머니 부분을 깨뜨려 흐르는 물에서 벗기면 깔끔하게 까진다.

TABLE RECIPE

브리오슈로 만든 조금은 특별한

프렌치 토스트
French Toast

재료(1인분)
달걀 3~4개
오렌지(또는 레몬) 1개
생크림(또는 우유) 200㎖
브리오슈 2쪽
버터 1큰술
메이플시럽 2~3큰술
제철과일(바나나, 블루베리, 딸기 등) 1큰술

프렌치 토스트만큼이나 매력적인 아침식사 메뉴가 있을까? 못 먹기 직전의 식빵을 달걀물에 포옥 담가 부드러워질 때쯤 버터를 듬뿍 두른 팬에 노릇하게 구워 메이플 시럽에 촉촉히 적셔 블루베리나 딸기를 곁들여내면 그 맛이 기가 막히다. 나는 늘 프렌치 토스트를 만들 때 두툼하게 자른 브리오슈를 사용한다. 달걀물과 크림을 따로 분리해서 빵에 적시고, 레몬이나 오렌지 제스트까지 잊지 않고 넣는데, 조금 손이 가긴 하지만 이렇게 정성을 살짝 들이면 정말 브런치 카페 부럽지 않은 완벽한 프렌치 토스트를 만날 수 있다.

1 볼에 달걀 3개를 깨서 잘 섞고 체에 한번 내린다. 다른 볼에는 생크림을 담아 오렌지를 갈아서 제스트를 넣는다. 생크림을 쓰면 우유보다 맛이 풍부해지는데 없으면 우유도 괜찮다.
2 빵을 5분 정도 생크림에 담가 촉촉하게 적신 후 달걀물을 묻혀, 달군 팬에 버터를 두르고 노릇하게 앞뒤로 굽는다.
3 접시에 잘 구워진 토스트를 담고 메이플시럽을 뿌린 후 제철 과일을 곁들인다.
4 토스트가 메이플시럽에 푹 적셔지는 게 싫다면 토스트에 설탕 1큰술을 골고루 뿌려 굽는다. 토치를 사용하면 크렘블레처럼 코팅이 되어 더 맛있게 즐길 수 있다.

브리오슈 Brioche

서울에서도 프랑스나 일본의 제빵제과 기술을 겸비한 셰프들이 차린 고급스러운 빵집들이 많이 생겨나 이제는 브리오슈를 쉽게 맛볼 수 있지만, 사실 몇 년 전까지만 해도 브리오슈는 쉽게 구할 수 있는 빵은 아니었다. 프랑스의 제빵과정 그대로 만드는 '정통 브리오슈'는 질 좋은 버터를 밀가루 양의 반이나 넣는데, 그것이 맛있는 브리오슈의 핵심이다. 그러나 이렇게 재료에 충실하게 공들여 브리오슈를 만들다보면 수지가 맞지 않아 빵집에서는 울상을 짓게 될지도 모른다. 버터 함량이 매우 높아 부드럽고 파삭파삭한 질감의 브리오슈는 좋은 버터로 만들어 느끼하거나 부담스럽지 않고, 결결이 찢어지는 속살과 입 안에 머물듯 남는 단맛이 특징인데, 내가 서울에서 가장 맛있게 먹어본 브리오슈는 자양동의 〈라몽떼〉였다. 좋은 버터는 우유의 고소함과 깔끔한 뒷맛을 지닌다는데, 프랑스산 고급 버터를 사용한 브리오슈는 느끼하거나 부담스럽지 않고 부드럽고 폭신하다. 이 폭신폭신한 브리오슈를 우유나 생크림, 달걀 섞은 것에 골고루 담가 프렌치 토스트를 구워내면 아마 이제껏 경험한 모든 프렌치 토스트에 대한 기억이 저 멀리 사라질지도 모른다.

TABLE RECIPE

구운 빵과 한 몸이 된
에그 인 더 미들
Eggs In The Middle

재료(1인분)
식빵 1쪽
달걀 1개
올리브오일 1작은술
소금 1꼬집
후추 1꼬집
파슬리(가루) 1꼬집(선택)

익지 않은 노른자에 길쭉길쭉한 토스트를 노릇하게 구워 찍어 먹는 것만큼 매력적인 일이 있을까? 아이러니하게도 아이들은 노른자가 익지 않으면 기겁을 한다. 사실 익숙해지면 어려운 맛은 아닐 텐데 그 맛을 경험하게 하는 일이 쉽지가 않다. 이 '에그 인 더 미들'은 아이들을 감쪽같이 속일 귀여운 비주얼이지만 그 비주얼 때문인지 꽤 거부감 없이 맛있게 한 접시를 쓱싹 비워내곤 하니 참 신기한 일이다. 바쁜 아침 쿠키커터로 동그랗게 토스터에 구멍을 내고 그 안에 달걀을 살짝 깨뜨려 익혀내는데, 올리브오일에 바삭하게 구운 빵과 한 몸이 된 달걀프라이, 주르륵 흐르는 노른자가 빵과 함께 어울리는 맛이 일품이다. 아빠도 눈감고 만들 수 있을 정도로 쉬우므로 주말 아침 아이들을 위해 만들면 가족 모두가 환호하지 않을까?

1 쿠키커터로 빵 가운데를 동그랗게 잘라낸다.
2 팬을 달구어 올리브오일을 두르고 식빵과 잘라낸 동그라미를 함께 굽는다. 구멍 뚫린 부분에는 붓으로 오일을 바르면 더 고르고 균일하게 발라진다.
3 바삭하게 식빵 밑면이 구워지면 뒤집어서 가운데 구멍에 달걀을 조심스럽게 깨뜨려 넣고 소금, 후추를 솔솔 뿌린다. 파슬리 가루가 있으면 뿌려도 좋다.
4 흰자가 거의 익으면 완성. 필요에 따라 뒤집어서 살짝 구워도 된다.
5 접시에 조심스럽게 담고 동그랗게 자른 빵도 함께 곁들인다.

TABLE RECIPE

홀랜다이즈 소스

에그 베네딕트
Eggs Benedict

재료(1인분)
잉글리시 머핀 1개
베이컨 4장
달걀 2개
후추 1꼬집
다진 파슬리 1꼬집

홀랜다이즈 소스
달걀노른자 3개
정제버터 100g
레몬즙 1작은술
소금 1/3 작은술
후추 1꼬집

에그 베네딕트는 많고 많은 달걀요리 중에서 내가 가장 좋아하는 것 중 하나이다. 연어를 올려 먹기도 하지만 내가 특별히 좋아하는 것은 바삭하게 튀긴 베이컨과 함께 먹는 것이다. 머핀 위에 호들호들한 수란이 올라가고, 레몬빛 홀랜다이즈 소스가 듬뿍 뿌려진 에그 베네딕트를 반으로 가르면 찐득한 노른자가 주르륵 흘러내린다. 끈적끈적한 노른자에 베이컨과 빵을 찍어 버터맛 가득한 홀랜다이즈 소스를 묻히면 믿기 어려울 만큼 잘 어울린다. 클래식한 에그 베네딕트 레시피에서는 홀랜다이즈 소스 만들기를 추천하지만, 사실 홀랜다이즈 소스는 실패하기 쉽고 한 번에 많은 양을 만드는 것에 비해 보존기간이 길어야 이틀이다. 단언컨데 맛있는 베이컨만을 바삭하게 구워 노른자와 곁들여도 홀랜다이즈 소스가 아쉽지 않은 에그 베네딕트를 만들 수 있기 때문에, 바쁜 아침 머핀만 준비하면 후다닥 수란을 만들고, 베이컨을 구워내기만 해도 근사한 아침이 차려진다. 따뜻하게 구운 머핀 위에 버터 한 조각을 올려 녹여주는 것도 잊지 말자.

1 홀랜다이즈 소스부터 만든다. 우선 정제버터를 볼에 넣고 완전히 녹을 때까지 전자레인지에 가열하는데, 바닥에 남은 지방층과 위의 거품을 걷어내고 사용해야 한다.
2 다른 볼에 달걀노른자를 넣고 거품기로 계속 저어가면서 중탕한다. 노른자가 밝은 노란색이 되면 불에서 내려 녹인 정제버터를 부으면서 섞는다.
3 2를 다시 중탕해서 걸쭉해지면 레몬즙, 소금, 후추를 넣어 소스를 완성한다.
4 달군 팬에 반으로 가른 머핀 2쪽을 앞뒤로 노릇하게 굽는다.
5 베이컨도 바삭하게 구운 후 키친타월로 기름을 닦아낸다.
6 달걀을 미리 그릇에 깨놓는다. 냄비에 물을 넉넉하게 붓고 끓기 시작하면 불을 살짝 줄여 포크로 물을 휘저으면서 달걀을 하나씩 조심스럽게 넣어 수란*을 만든다.
7 구운 머핀 위에 수란과 베이컨을 차례로 올리고, 홀렌다이즈 소스를 끼얹은 뒤 후추, 다진 파슬리를 뿌려 마무리한다.

*수란은 p.151의 <완벽한 수란 만들기>를 참고한다.

홀랜다이즈 소스가 빛나는 요리

버터가 엄청나게 들어가 깊은 풍미가 느껴지는 대표적인 버터 소스인 홀랜다이즈 소스는 기름의 유화작용을 이용하여 만든 소스로, 달걀노른자에 함유된 레시틴과 따뜻한 버터, 물, 레몬즙, 식초 등이 상호작용을 하여 만들어진다. 달걀노른자에 레몬즙이나 식초 같은 소량의 액체와 따뜻한 버터를 첨가하면, 달걀노른자 속의 유화제가 기름의 입자 하나하나를 감싸서 수분과 함께 고정시키는 역할을 한다. 잘 만들어진 홀랜다이즈는 덩어리지거나 분리되지 않고, 레몬빛의 밝은 크림색을 띠며 부드럽고 풍미가 좋다. 사실 만드는 방법을 보면 무척 쉬워 보이지만, 분리가 되기도 하고 걸쭉한 소스가 되지 않아 애를 먹기도 한다. 성공적인 홀랜다이즈는 마요네즈보다는 조금 연한 질감의 주르륵 흐르는 점성을 띤다. 신선한 달걀노른자와 생레몬즙을 사용하고, 식초도 샴페인 식초 같은 고급 식초를 사용하면 훌륭한 풍미를 지닌 더 맛있는 홀랜다이즈 소스가 완성된다.

약간의 산미가 느껴지는 버터 풍미가 가득한 홀랜다이즈는 에그 베네딕트와 환상의 궁합을 이루지만 대구나 광어등의 흰살 생선과 함께 내도 잘 어울린다. 데친 시금치나 당근, 아스파라거스와 곁들여도 훌륭한 맛을 낸다.

TABLE RECIPE

식탁 위 한 병의 태양

레몬 커드
Lemon Curd

재료(300㎖)
레몬 3개
설탕 50g
달걀 2개
노른자 2개
버터 75g
바닐라빈 페이스트(또는 바닐라빈) 1개

영화 〈토스트〉를 본 사람이면 누구든 기억나는 장면 중 하나가, 영국의 최고 셰프이자 푸드 칼럼니스트인 나이젤 슬레이터Nigel Slater가 새엄마가 만든 '레몬머랭 타르트'를 먹는 장면일 것이다. 하얗고 폭신한 머랭 아래 햇살만큼이나 밝게 빛나는 노랗고 먹음직스럽던 레몬 커드의 맛이 도대체 어떤지 궁금해서 영화를 본 다음날 당장 레몬 커드를 만들었던 기억이 난다. 레몬즙에 제스트까지 더했으니 상큼하고, 노른자가 들어가 예쁜 노란빛이 나던 커드는 생각했던 것보다 더 훌륭한 맛이었고, 나는 싱싱한 레몬과 달걀이 집에 넘쳐나는 날이면 나이젤 슬레이터가 '식탁 위 한 병의 태양'이라 일컬었던 레몬 커드를 잔뜩 만들어 요구르트와 스콘에 넣어 먹거나, 타르트를 만들거나, 예쁜 병에 넣어 선물하곤 한다.

신선한 달걀을 사용하면 부드러움과 고소함은 배가 되고, 상큼한 레몬이 입 안 가득 터지는 느낌이 정말이지 끝내준다. 마지막에 넣은 버터는 깊은 풍미를 더한다.

1 레몬은 잘 씻은 다음, 강판에 갈아 제스트를 볼에 담는다.

2 제스트가 담긴 볼에 레몬즙, 설탕을 넣어 중탕한다. 그릇 바닥에 설탕이 만져지지 않을 때까지 녹으면, 미리 믹서에 한 번 갈아 알끈을 제거한 달걀 2개와 노른자 2개를 섞어서 천천히 흘리듯이 붓는다. 이 때 불은 약하게 줄이고, 다른 한손으로는 거품기로 열심히 저어주어야 달걀이 익지 않는다.

3 2를 계속 저어 걸쭉한 질감이 되면 불에서 내려 깍둑썰기한 버터와 바닐라빈을 넣고 잔열로 녹을 때까지 저어준 후 깨끗이 소독한 병에 담는다.

4 완성된 레몬 커드는 냉장보관으로 2주 정도 먹을 수 있다. 냉장고에 두면 버터가 굳는데, 먹을 때 미리 실온에 꺼내 놓으면 버터가 녹아 부드럽다.

나이젤 슬레이터 Nigel Slater

나이젤 슬레이터는 푸드 저널리스트이면서 베스트셀러 작가로 제이미 올리버Jamie Oliver와 함께 '영국의 아이콘' 같은 요리사이다. 요리를 지독하게 못하는 엄마 밑에서 자랐지만 어려서부터 식재료에 대한 호기심이 강해 담요 밑에서 요리책을 볼 정도였으며, 식료품점을 구경하는 것이 큰 취미였다. 엄마가 병으로 돌아가시자 요리 실력이 뛰어난 가정부(훗날 그의 새엄마가 된다)와 함께 살면서 요리로 신경전을 벌이다가 훗날 영국을 대표하는 요리사로 성장하였다. 토스트는 늘 토스트와 통조림을 먹어야 했던 그가, 어쩌면 가장 증오했을지도 모를, 그러나 엄마가 돌아가시고도 줄곧 먹어야 했던 그의 숙명이자 소울푸드였을지도 모르겠다. 특히 새엄마의 레몬머랭 파이의 맛에 반해 그녀에게 레시피를 구하지 않고 어떻게 해서든 그가 레몬머랭 파이를 완성하는 장면은 애틋하고 감동스럽기까지 하다. 고통으로 이어진 삶의 조각들이 훗날 훌륭한 성장통임을 보여주는 이 따뜻하고도 자서전적인 이야기는 이미 BBC에서 드라마로 제작되기도 하였고, 〈찰리의 초콜릿 공장〉에서 열연했던 프레디 하이모어 Freddie Highmore가 청년기의 나이젤 슬레이터로 분하여 훈훈함을 더한다.

TABLE RECIPE

뒤죽박죽

이튼 메스
Eton Mess

재료(3인분)
달걀흰자 4개 분량
설탕 230g
바닐라 페이스트 1/4 작은술
타르타르 파우더
1/2 작은술(선택)
생크림 500㎖
설탕 1큰술
베리류(딸기, 블루베리,
라스베리 등) 200g
믹스베리 퓌레 100g

달걀 중에서도 끈적하고 고소한 노른자를 좋아하는 것은 사실이지만, 가끔 레몬 커드나 크렘블레를 만들고나서 너무 많은 흰자가 남았을 때는 파블로바pavlova를 만들거나 머랭을 잔뜩 구워 부셔 넣고 이튼 메스eton mess 만들기를 좋아한다. 영국 명문 사립학교인 이튼 컬리지Eton College에서 매년 6월 4일 만들어 먹던 데서 유래한 '뒤죽박죽mess'이라는 이름을 가진 '이튼 메스'는 이름과는 달리, 매우 매력적인 맛을 지닌 반전 메뉴이다. 머랭, 달콤한 크림, 그리고 좋아하는 산딸기나 블루베리, 라즈베리 등을 듬뿍 얹어서 먹다보면 아마 너무 맛있어서 "야호!" 하고 환호를 지를지도 모른다.

1 볼에 달걀흰자를 넣고 소금을 약간 넣은 다음, 거품이 잘 생기도록 한 방향으로만 풀어준다.
2 설탕을 3번에 나누어 넣으면서 핸드믹서를 돌려 윤기가 나고 뿔이 서는 단단한 머랭을 만든다.
3 마지막에 바닐라 페이스트와 타르타르 파우더를 넣고 머랭을 저속으로 돌려 안정화시킨다.
4 베이킹 트레이에 유산지를 깔고 숟가락으로 머랭을 떠서 놓거나 짤주머니에 넣고 짜서
100℃ 오븐에 2시간 굽는다. 잘된 머랭은 겉은 바삭하고, 안은 끈적끈적하고 부드럽다.
5 생크림에 설탕을 약간 넣고 70% 정도의 크림을 만든다. 시판하는 휘핑크림을 사용해도 괜찮다.
6 컵에 믹스베리 퓌레, 부순 머랭, 크림, 과일을 원하는 순서대로 담는다. 모양도 순서도 상관없다.
뒤죽박죽 자신이 먹기 좋게 담으면 된다.

머랭, 집에서 잘 만드는 비법
머랭은 은근히 쉬워 보이지만 사실 매우 까다롭다. 달걀흰자가 차가워야 머랭이 잘 만들어진다. 흰자와 노른자를 분리할 때도 노른자가 조금이라도 섞이면 안 되고, 볼에 이물질이 묻거나 물기가 남아 있어도 안 되니 주의한다. 설탕은 한꺼번에 다 넣지 말고 2~3번에 나누어서 넣는다. 먼저 깨끗한 볼에 흰자를 잘 풀고, 설탕의 1/3을 넣은 다음 뽀얀 거품이 일기 시작하면 같은 방향으로 거품기를 빠른 속도로 젓는다. 너무 성급하게 설탕을 많이 넣으면 거품이 올라오기 힘들다. 머랭이 단단해지고 거품기를 들었을 때 거품이 뾰족해지면 완성. 설탕은 달걀흰자 2개 분량에 90g 정도가 적당하다. p.302 사진 참조

TABLE RECIPE

아찔함을 선사하는

크렘 블레
Creme Brulee

재료(6인분)
생크림 1컵
바닐라빈 1/4개
설탕 1/4컵
달걀노른자 4개

캐러멜라이즈된 단단한 갈색 설탕층을 톡 깨뜨려 진한 바닐라향의 노란 크림빛 커스터드가 입 속에서 차갑고 부드럽게 감기는 크렘 블레의 첫인상은 황홀함 그 자체였다. 약간은 탄 듯한 단단한 설탕의 놀랍도록 감미로운 달콤함, 풍부하고도 은은하게 퍼지는 커스터드의 맛, 여운을 남기는 바닐라향의 아찔함을 선사하는 이 조그만 컵 속의 디저트를 보면 누구라도 '아, 이거 대단히 어렵고 세련된 디저트구나!'라고 생각하고 말 것이다. 그래서인지 아주 오래 전, 집에서 크렘 블레를 만들었을 때 탄성을 지르던 기억이 난다.
"우아! 이거 대단히 쉬운 거였잖아!"
이토록 만들기 쉬운데 이렇게 훌륭한 맛을 내다니! 노른자, 크림, 설탕 그리고 끝내주는 향을 지닌 통통한 마다가스카르산 바닐라빈. 이 네 가지 재료면 충분하다. 물론 처음부터 쉽게 잘 만든 것은 아니었다. 베이킹 초보시절 토치 같은 전문기구가 있을 리 없던 내가, 톡 하고 깨 먹는 설탕층을 만들고 싶어서 그 새벽에 일회용 가스라이터로 설탕을 녹이다 손톱이 타고 가스라이터는 장렬히 몸을 불살랐던 어설픈 시절도 있었다. 그 이후로도 손가락 마디마디가 아파 좀 고생을 하긴 했지만 말이다.

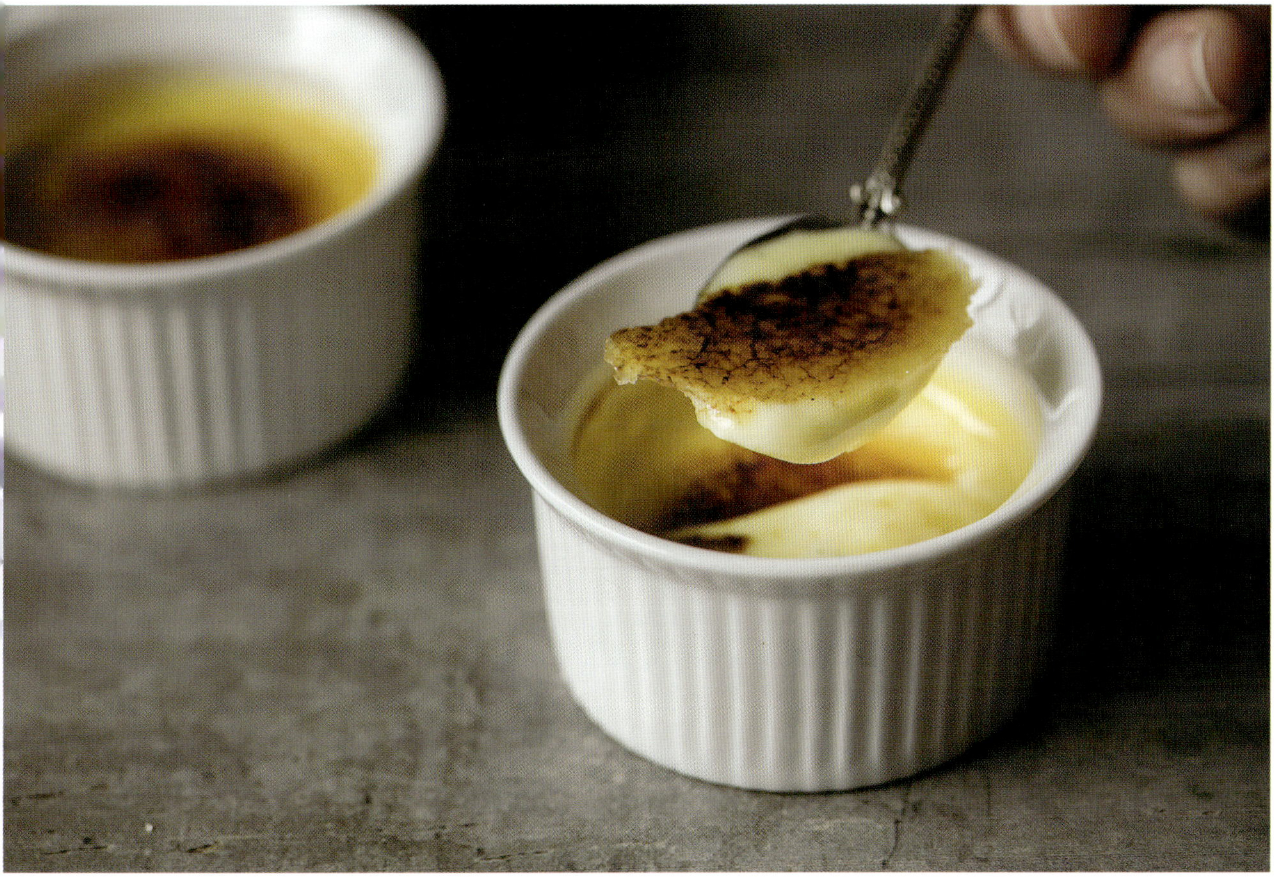

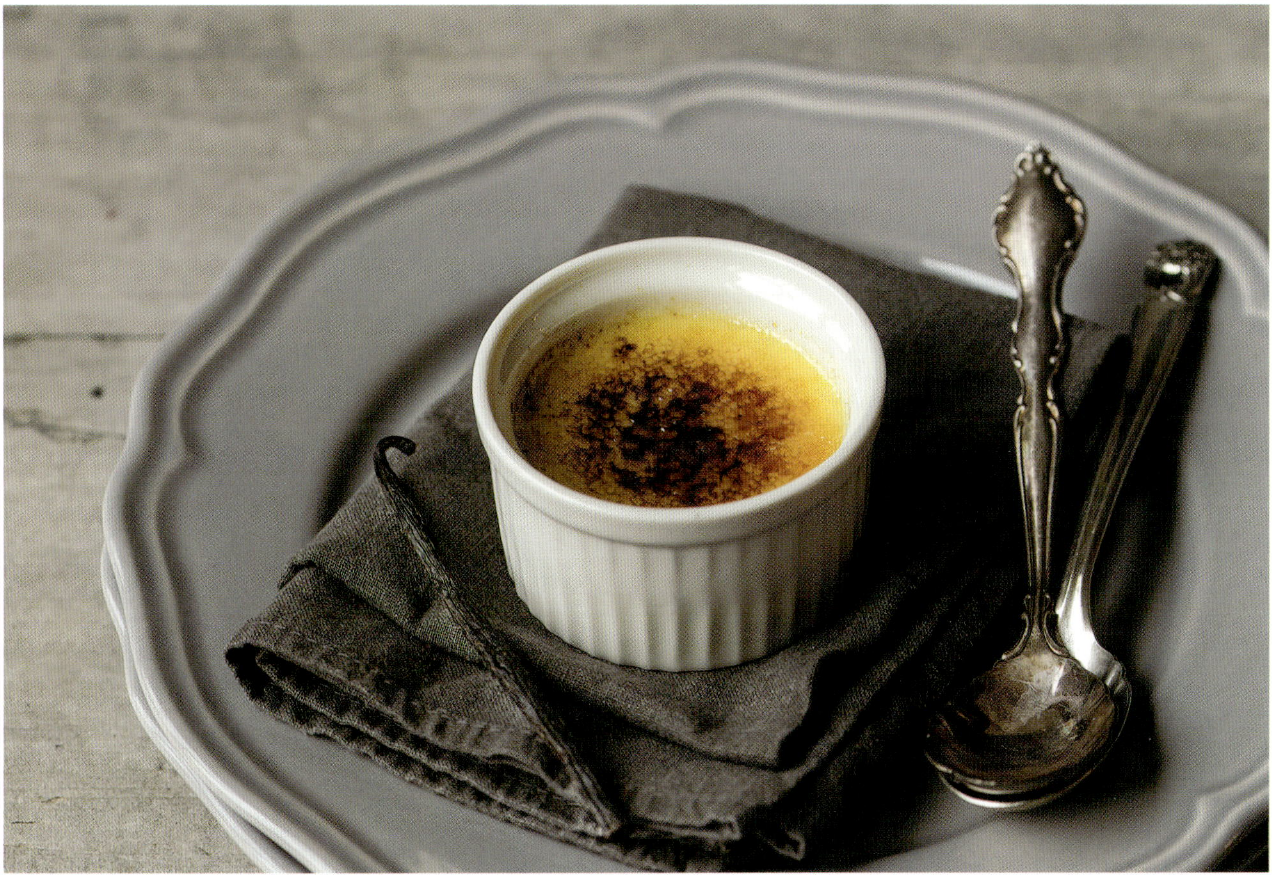

1 소스팬에 생크림을 붓고 바닐라빈을 넣어 살짝 끓인 다음, 바닐라향이 크림에 스미도록 불을 끄고 20분간 그대로 둔다.
2 생크림을 다시 약불에 올리고 설탕을 먼저 넣고 녹으면, 달걀노른자를 넣어 열심히 저어준다.
3 2의 혼합물이 숟가락 뒷면에 코팅이 될 정도가 되면 불에서 내려 체에 걸러서 코코트나 수플레 볼처럼 안이 깊은 그릇에 붓는다. 이렇게 해야 부드러운 식감의 커스터드를 얻을 수 있다.
4 오븐 트레이에 그릇을 올리고 끓는 물을 용기의 반 정도까지 오게 트레이에 부은 뒤, 미리 예열한 160°C 오븐에 25분 정도 중탕으로 굽는다.
5 냉장고에 차게 식힌 후 입자가 고운 황설탕을 뿌리고 토치로 겉면을 골고루 그을린다.

바닐라빈 가르기

늘 시판하는 바닐라향 액체를 쓰다가 직접 바닐라빈을 사용하게 되면 당황할지도 모른다. 통통한 바닐라빈의 한쪽 끝을 잘 잡고 칼끝으로 세로로 길게 칼집을 내면 원통모양의 바닐라빈 껍질 속에 까만 바닐라빈들이 가득 담긴 것을 볼 수 있다. 잘 펴서 한 방향으로 스푼이나 스프레더로 살살 긁어주면 쉽게 바닐라빈을 채취할 수 있다. 긁어낸 껍질은 버리지 말고 설탕통이나 시럽 안에 넣어두면 아찔하게 좋은 바닐라향이 스민다.

TABLE RECIPE

엄마의 마음이 생각나는
노른자장
Yellow Jajang

재료(2 ~ 3인분)
노른자 4 ~ 5개
간장(샘표701) 노른자가
잠길 정도의 양

어릴 때 드물긴 하지만 특별한 반찬이 없으면 늘 달걀프라이를 해주시던 엄마의 마음을 내가 결혼해보니 알 것 같다. 늘 맛있는 것을 많이 해주셨지만 엄마가 슈퍼맨도 아니고 가끔은 쉬고 싶거나 컨디션이 안 좋을 때가 분명 있으셨을 거다. 요리가 본업이지만 늘 일을 하는 내게도 게으름을 떨고 싶고 아무것도 하기 싫은 그런 날, 완전영양소를 갖춘 달걀요리는 큰 위안을 주는 재료임에 틀림이 없다. 뜨거운 밥과 달걀프라이, 그리고 간장 위에 똑 떨어뜨린 참기름 한 방울은 누구에게나 정겨운 추억의 한 조각일 것이다. 한동안 유행처럼 번지던 노른자장은 보석처럼 빛나는 빛깔에 진하게 응축된 노른자의 감칠맛이 매력적인데, 왠지 그 옛날 엄마의 마음을 생각나게 하는 그런 맛이다. 버터를 넣어도 참 잘 어울린다.

1 밀폐용기에 달걀노른자만 분리하여 넣는다.
2 간장을 노른자에 자작하게 잠길 정도로 부어준다.
3 하루만 지나면 먹을 수 있는데, 중간에 한 번 뒤집어준다.
4 만들어진 노른자장을 갓 지은 밥에 얹고 참기름 한 방울을 톡 떨어뜨려 비벼 먹는다.

TABLE RECIPE

시드르와 잘 어울리는

갈레트
Galette

재료(1인분)
메밀가루 1컵
시드르
(또는 맥주) 1.5컵
달걀 1개
버터 2조각
후추 1꼬집

토핑
감자 1/2개
소금 1/4작은술
올리브오일 1작은술
베이컨 2줄
그뤼에르 치즈 1줌
달걀 1개

검고 큰 둥그런 팬에 반죽을 얇게 돌려 전병을 부치고, 그 안에 딸기와 휘핑크림 또는 누텔라nutella와 바나나를 얹어 먹는 크레쁘crêpe는 대학시절 인기가 대단했던 디저트 메뉴였다. 돌돌돌 말아서 크림도 먹고, 가끔은 아이스크림도 먹고, 과일도 먹을 수 있었으니 여대생에게 딸기빙수만큼이나 인기 있었던 메뉴였다. 그 당시 대부분의 크레쁘는 일본 스타일이 유행했었는데 프랑스식으로 제대로 만든 크레쁘의 매력에 빠졌던 나는, 언제부터인가 브르타뉴 지방에서 직접 크레쁘를 만들었던 셰프가 차린 신촌기차역 근처의 〈라셀틱La Celtique〉에서 바나나와 캐러멜이 듬뿍 든 크레쁘와 시드르cidre 한 잔을 마시며 오후의 낭만을 즐기곤 했었다. 특히 셰프님이 정성껏 만들어 주시던 '꽁플레complet'라 불리던 '갈레트'는 메밀가루로 부쳐 안에 햄과 그뤼에르치즈, 감자를 듬뿍 넣고 위에 달걀프라이를 척 얹어 먹는 메뉴였다. 시드르를 넣어 바삭한 식감과 노른자를 톡 터뜨려 어우러지는 감자와 치즈, 그리고 햄의 조화는 가히 환상적이어서 주말 늦은 아침 느긋하게 만들어 먹기 좋은 메뉴이다. 특히 사과맛이 나는 시드르와 함께 곁들여 먹으면 그렇게 잘 어울릴 수가 없는데, 예전에는 구하기 힘들었던 시드르도 요즘은 대형마트에서 쉽게 찾아볼 수 있으니 세상 참 좋아졌다.

1 메밀가루에 시드르나 맥주를 붓고 계란을 넣어 거품기로 골고루 섞고 1시간 정도 냉장고에 보관한 다음, 버터 1 조각을 녹여서 넣고 잘 젓는다.
2 달궈진 팬에 달걀프라이를 한다.
3 감자는 1cm로 깍둑썰기한 뒤 프라이팬에 기름을 두르고 소금으로 간을 하면서 볶는다.
4 베이컨은 바싹 구어 여분의 기름을 제거하고 가위로 작게 자른다.
5 크레쁘팬에 버터 1조각을 녹이고 반죽을 최대한 얇게 팬에 두른 뒤 다 익기 전에 가운데에 달걀프라이를 넣고 주변에 베이컨과 감자를 골고루 흩뿌린다.
6 그뤼에르 치즈를 갈아 듬뿍 얹은 뒤 크레쁘의 네 면을 편지봉투 접듯 조심스레 접는다.
7 마지막에 후추를 뿌린다.

TABLE RECIPE

의외로 노른자가
잘 어울리는

수란 얹은
웜샐러드
Warm Salads
With Poached Eggs

재료(2인분)
달걀 1개
퀴노아 1큰술
올리브오일 1작은술
소금 1꼬집
로메인 10장
치커리 1/2줌
토마토 1/2개
베이컨 1줄

식빵 1/2쪽
파마산 치즈 3큰술
후추 2꼬집

드레싱
디종 머스터드 2큰술
화이트와인 식초 1큰술
꿀 1큰술
올리브오일 1큰술

사실 샐러드는 차갑게 먹어야 제맛이지만 가끔 부드러운 무언가가 당기는 아침, 내가 곧잘 만들곤 하는 것이 수란이다. 여기에 베이컨을 바삭하게 구워 곁들이고, 퀴노아나 병아리콩을 삶아서 뿌린 후 노른자를 톡 터뜨려 먹으면 이제껏 먹던 샐러드가 꽤나 식상하게 느껴질 정도로 매력적이다. 노른자의 농축되고 진득한 감칠맛은 어떤 재료도 잘 융합시키는 조화의 미를 지닌다. 그래서 아마도 전주비빔밥이나 육회, 심지어 콩나물국밥에도 노른자를 얹어내나 보다. 채소에 노른자라니 어울리지 않을 거라는 생각도 일단 한 번 맛을 보면 생각이 달라진다. 토핑도 원하는 대로 얹을 수 있으니 이 또한 매력이다. 어떤 날은 닭가슴살을 잘게 찢어서 얹고, 또 어떤 날은 버터를 녹인 팬에 레몬즙과 제스트를 듬뿍 뿌려 새우를 구워 얹어내기도 하는데 '새우 스캠피와 수란 샐러드'라 일컫는 나만의 메뉴는 한 끼로도 꽤 든든하지만 맛도 정말 훌륭하다. 결국 요리라는 것은, 정해진 룰 없이 어울릴만한 재료들을 이렇게 저렇게 조합해보는 나만의 놀이라고 생각하면 어떨까? 집 안에 남아있는 자투리 채소로 지혜롭게 나만의 웜샐러드를 만들어보자.

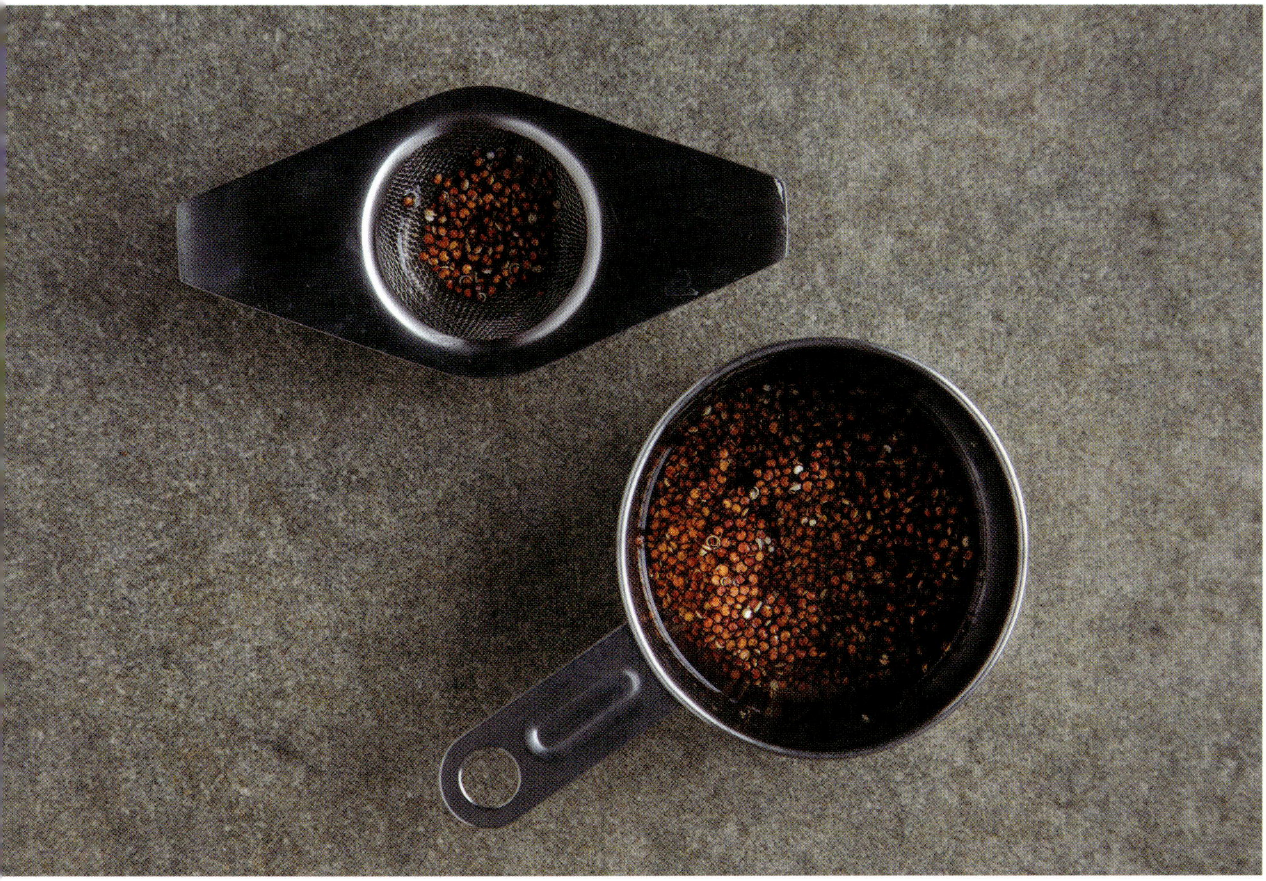

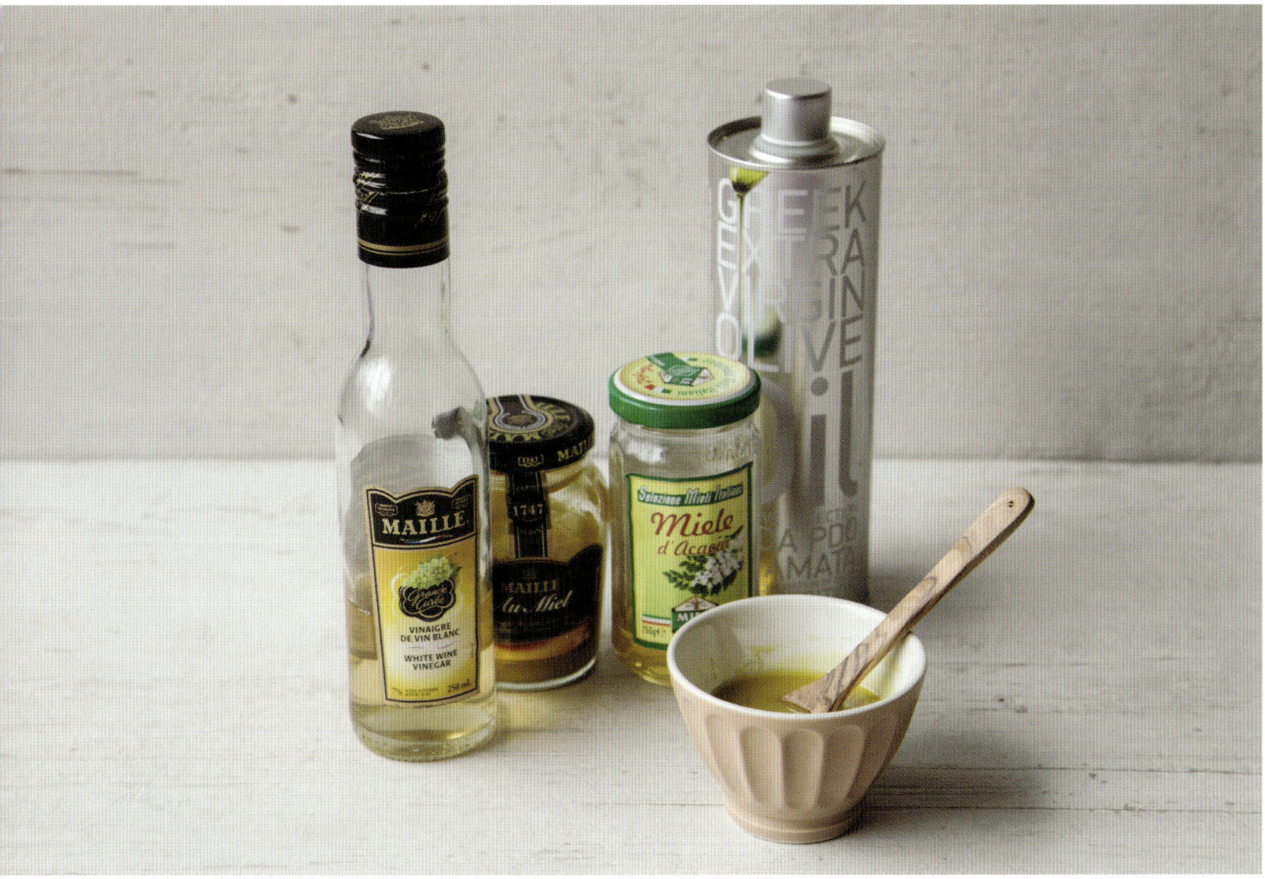
MAILLE
VINAIGRE DE VIN BLANC
WHITE WINE VINEGAR
Miele

1 수란을 만들어 놓는다.
2 퀴노아는 팔팔 끓는 물에 15분 삶은 다음 불을 끄고 올리브오일, 소금으로 간을 한다.
3 로메인, 치커리, 토마토 등의 샐러드 재료는 잘 씻어서 물기를 빼고 먹기 좋은 크기로 자른다.
토마토는 꼭지를 떼고 8등분한다.
4 베이컨은 바싹 구워 여분의 기름을 제거하여 잘게 자르고, 식빵도 바싹하게 구워 손으로 뜯어 놓는다.
5 드레싱 재료를 모두 볼에 넣고 잘 섞는다.
6 접시에 샐러드를 담고 수란, 토마토, 베이컨을 얹고 그 위에 퀴노아를 흩뿌린다.
7 후추를 뿌리고, 파마산 치즈를 그레이터로 갈아 눈처럼 뿌린 뒤 드레싱을 올린다.

다양한 토핑

병아리콩을 사용할 경우에는 반나절 불렸다가 20분 정도 삶은 뒤 물기를 빼고 넣는다. 새우를 토핑으로 얹을 경우에는 껍질을 까고 내장을 제거한 뒤 달군 프라이팬에 버터를 넉넉히 녹이고 중불에서 소금으로 간하면서 굽는다. 굽는 중간에 화이트와인을 부어 알코올을 날리면서 비린내를 없애고, 레몬즙과 제스트도 넣는다.

완벽한 수란 만들기

가장 예쁜 수란을 만드는 필수적인 조건은 '신선한 달걀'이고, 그 다음은 물의 온도, 그리고 약간의 '감' 정도이다. 수란 만들 때는 식초나 소금을 절대 넣지 말아야 한다. 미묘하게 맛에 영향을 주기 때문이다. 물이 팔팔 끓기 시작하면 거품이 보글보글 올라오는 게 보이는데 이때 불을 살짝 줄이고 그 온도를 유지한다. 물은 끓고 있지만 거품이 생기지 않는 정도의 온도가 수란이 가장 잘 만들어지는 온도이다. 포크로 물을 휘휘 저으면 물 속에서 달걀모양을 예쁘게 잡는데 도움이 된다. 달걀은 볼에 미리 깨뜨려 놓고 물이 적정온도에 도달하면 달걀을 천천히 물에 넣는데 3분 정도면 원하는 모양의 예쁜 수란을 만들 수 있다. 한 가지 더 팁을 주자면, 물이 넉넉해야 달걀이 가라앉거나 바닥에 붙지 않는다.

TABLE RECIPE

오븐에 구워 내는
이탈리아 오믈렛 프리타타
Italian Omelet Frittata

재료(4인분)
시금치 1/2단
양송이버섯 3~4개
초리조 10장
모짜렐라 치즈 1/4컵
달걀 5개
생크림 1/2컵(선택)
소금 2작은술
후추 1작은술
버터 1큰술
바질 1/2줌
파마산 치즈 1/2컵

오믈렛은 전 세계 사람들이 가장 즐겨 먹는 조리법이 다양한 메뉴 중 하나이다. 프랑스 사람들은 프라이팬에 달걀물을 넉넉히 붓고 좋아하는 재료를 올려 설렁설렁 굽다가 반으로 휙 접어 내기도 하고, 스페인 사람들은 달걀물에 감자를 자잘하게 썰어 넣고 구워낸 후 아이올리 소스를 곁들어 먹는다. 속이 부들부들한 프렌치 오믈렛도, 담백한 감자가 씹히는 스페니시 오믈렛도 내가 좋아하는 요리이지만, 이탈리아의 프리타타는 내가 가장 좋아하는 오믈렛 메뉴이다. 집에 자투리채소가 남았을 때 모두 달걀물에 넣고 섞어서 두꺼운 팬에 부어 익히다가 오븐에 다시 구워낸 후 치즈를 듬뿍 뿌려 먹는 프리타타는, 특히 아침에 먹으면 한 끼 식사로도 손색이 없는 정말 영양 가득한 메뉴이다.

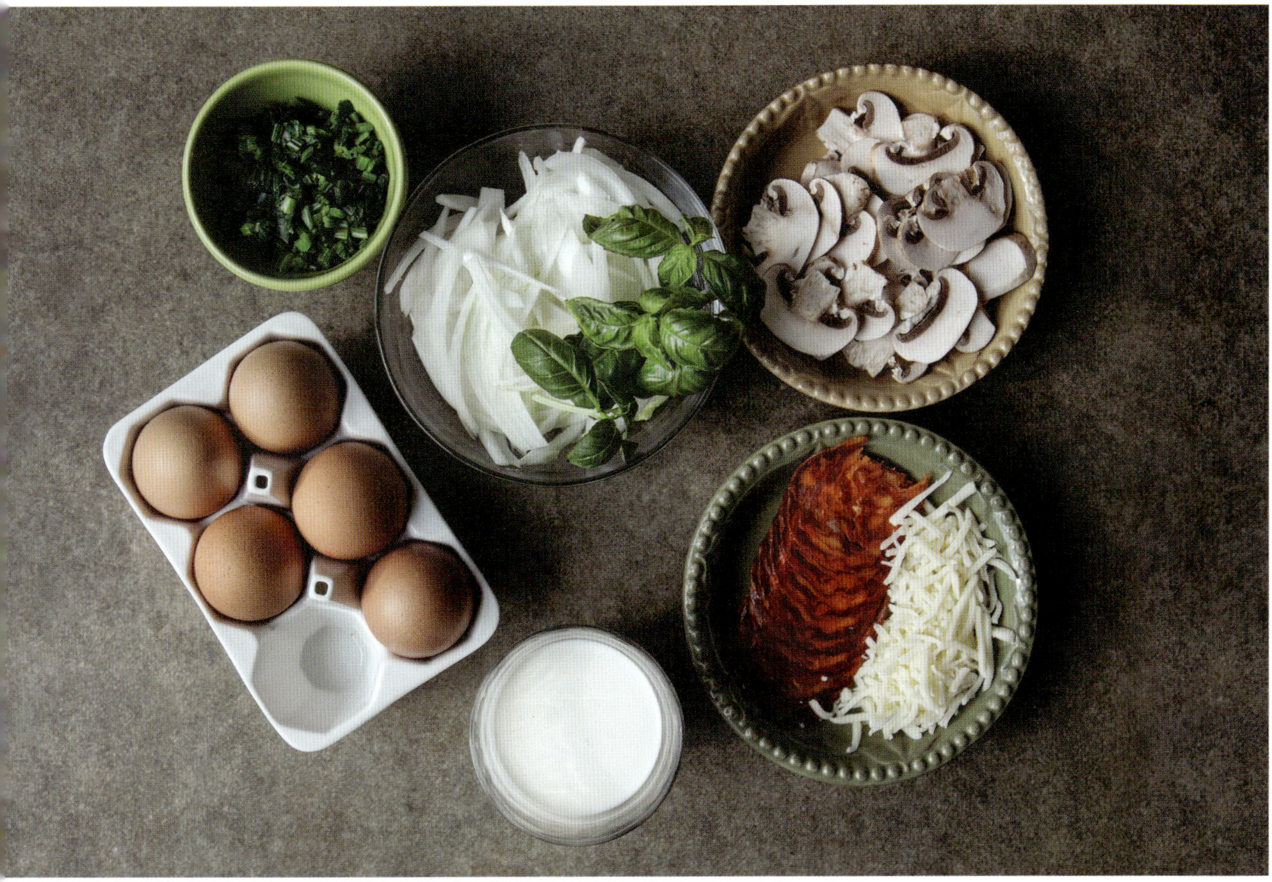

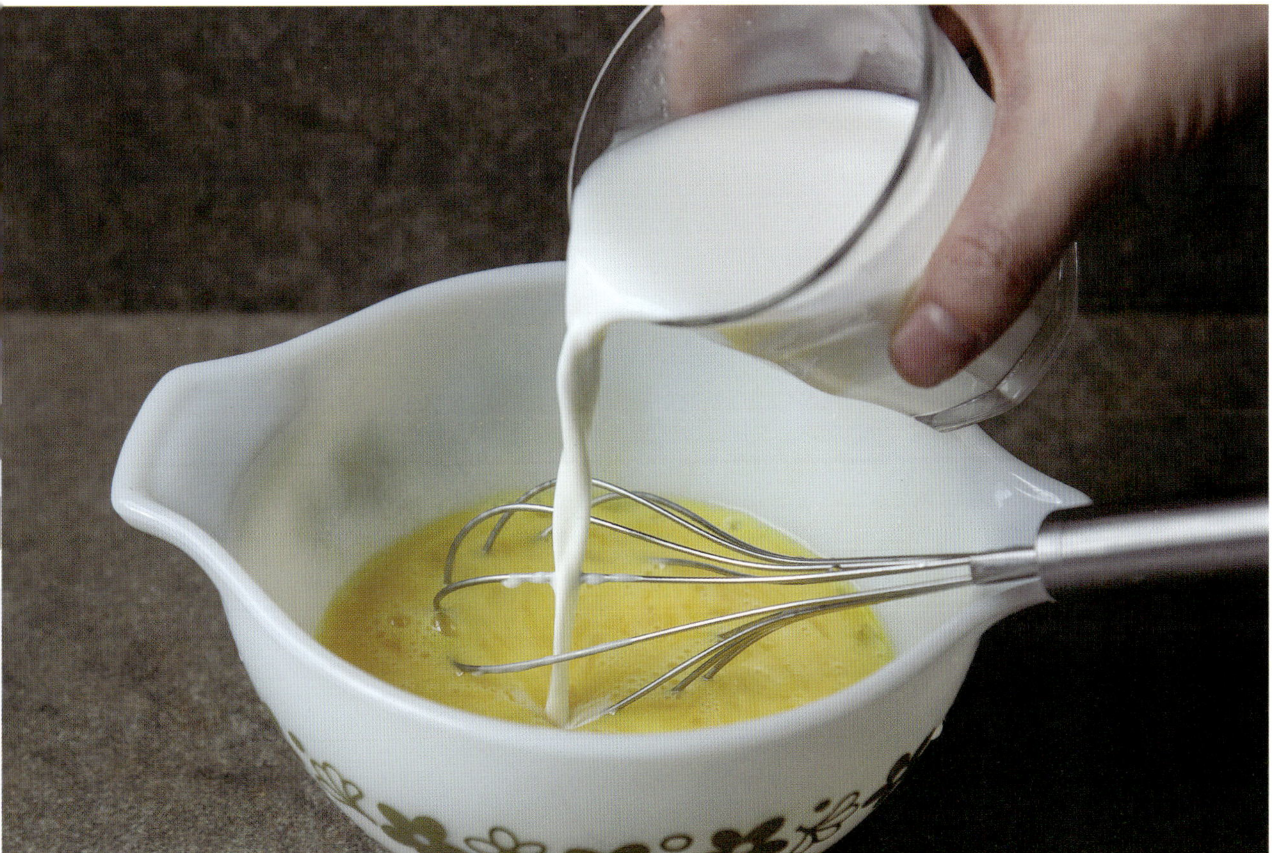

1 시금치는 살짝 데쳐서 찬물에 헹구어 물기를 짠 후 잘게 다지고, 양파는 채썰고,
양송이는 세로로 얇게 저미고, 초리조는 큼직하게 찢어놓는다.
2 거품기로 계란을 잘 푼 다음 1에서 준비한 재료를 넣고 소금, 후추로 간한 후 휘휘 잘 저어 섞는다.
부드러운 맛을 원하면 이때 1의 재료를 넣기 전에 생크림을 1/2컵 정도 넣고 잘 섞은 다음
모짜렐라 치즈를 얹는다.
3 오븐 내열용기나 팬에 버터를 바르고 2를 부어 180℃ 예열한 오븐에 20분 정도 구운 후 꺼내서
뜨거울 때 바질잎을 얹고 파마산 치즈를 듬뿍 뿌린다.

오믈렛보다 달걀말이

아이들이 좋아하는 달걀말이는 참 쉬운 듯 어렵다. 오믈렛을 만들면 무언가 퍽퍽한 듯하고…… 예전에 인기리에 방영되었던 일본드라마 <심야식당>을 보면 단순한 달걀말이도 넋을 잃고 침을 꼴깍 넘어가게 만드는데, 마스터가 만드는 방법을 찬찬히 바라보고 있노라면 그것이 바로 맛있고 통통하고 예쁘기까지 한 달걀말이의 정석임을 알 수 있다. 달걀 3개에 소금 1작은술, 설탕 1작은술(설탕은 모양을 단단하게 잡기 위한 역할), 좋아하는 채소를 다져 넣고(급할 때는 파만 다져 넣어도 맛있다), 잘 달궈진 달걀말이팬에 올리브오일을 두르고 키친타월로 살짝 닦아낸 뒤 달걀물을 부어준다.
어느 정도 바닥이 익기 전에 손목 스냅을 이용하여 빠르게 젓가락으로 휘젓는데, 그 이유는 겉은 바삭하고 속은 폭신한 부드러운 달걀말이를 얻기 위해서다. 어느 정도 익었으면 뒤집개와 젓가락을 이용하여 조심스럽게 돌돌 말아준다. 이렇게 만든 계란말이를 빵칼로 자르면 예쁘게 잘 썰어진다.

TABLE RECIPE

일식 애피타이저

자완무시
Chawanmushi

재료(2인분)
가쓰오부시 다시 1컵
(끓는 물 2컵+가쓰오부시 1줌)
닭가슴살 20g
달걀 2개
우스구치쇼유
(또는 국간장) 1작은술
맛술 1작은술
소금 1/3작은술
표고버섯 1개
건새우 2마리
다시마(1x1cm) 2조각
은행 4알

어쩌다 일식집에 가게 되면 늘 단골처럼 나오는 애피타이저 메뉴가 있었으니, 그것은 다름 아닌 일본식 달걀찜인 '자완무시'이다. 우리가 늘 집에서 먹던 바닥에 달걀이 눌어붙은 그 맛있는 달걀찜과는 사뭇 다른 맛이지만, 말랑말랑 부들부들한 푸딩처럼 부드러운 자완무시는 숟가락을 몇 번 넣다보면 바닥을 보이고 마는 매력 가득한 메뉴였다. 특히 그 일본스럽고 조그마한 컵에 가득 들어있는 닭가슴살 한 조각, 새우 한 마리, 은행 한 알을 골라 먹는 재미도 있고…… 어쩌다 소바나 덮밥, 스시 같은 일식 상차림에 자완무시를 내놓으면 센스 가득한 감각을 더할 수 있다.

1 끓는 물 2컵에 가쓰오부시 1줌을 넣어 가쓰오부시 다시를 만든 후 한 김 식힌다.
2 닭가슴살은 한 덩어리를 살짝 쪄서 조각내어 놓는다. 은행은 전자렌지에 2~3분 돌려서 껍질을 깐다.
3 달걀은 깨서 볼에 넣고 우스구치쇼유, 맛술, 소금을 넣어 잘 섞는다.
4 3에 가쓰오부시 다시를 부어 잘 섞은 후 고운체에 2번 거른다. 일본식 달걀찜이 푸딩처럼 부드럽고 말랑한 것은 체에 걸러 알끈을 제거했기 때문이다.
5 컵에 달걀물을 반쯤 붓고 은행과 닭가슴살을 넣은 후 뚜껑을 덮고 미리 예열해둔 찜기에 4~5분 익힌다. 뚜껑을 덮으면 내용물이 속까지 제대로 익고, 표면도 매끄러워진다.
6 다시 용기를 꺼내서 나머지 달걀물을 붓고 표고버섯, 닭가슴살 1~2조각을 더 올려 5~6분 찐다.
7 꼬치로 바닥까지 찔러보아 달걀물이 묻지 않으면 완성. 먹기 직전 뜨거울 때 건새우, 다시마, 쑥갓 등을 올려서 먹고, 차갑게 푸딩처럼 즐겨도 좋다.

계란찜의 비밀

백반집에 가면 흔히 반찬으로 나오는 달걀찜에는 무슨 마법의 가루라도 넣었는지 포실포실하고 폭신한 질감에 짭조름한 국물까지…… 바닥까지 긁어 먹게 만드는 마성의 힘을 가졌다. 특히 그 산처럼 부풀어 오른 비주얼은 보는 이의 침샘을 자극한다. 다시마나 새우를 넣고 끓여서 식힌 육수(1컵 분량)에 계란 3개를 넣고 간을 한 다음 잘 섞는다. 믹서에 넣고 돌려 알끈까지 끊어주는 것도 좋다. 뚝배기나 스타우브 베이비웍에 참기름을 충분히 바른 다음, 중불에서 부르르 끓이다가 약 3분 후에 손목의 힘을 이용하여 아래에서 위로 끌어올리듯 뒤섞어준다. 그 후 5분 정도는 꺼질 듯 말 듯 한 약불에 익히면 포슬포슬 부드럽고 짭조름한 달걀찜이 완성된다. 식당에서 일하는 분들이 말하길, 여기에 베이킹소다를 살짝 넣어 부풀려준다고 하는데, 불 조절과 중간에 섞는 과정을 잊지 않고 잘하면 집에서도 식당 못지않은 맛있는 달걀찜을 만들 수 있다.

TABLE EPISODE
04

CHICKEN
치 킨

아빠는 종종 퇴근길에 김이 모락모락 나는 따뜻한 전기구이 통닭을 늘 두 마리씩 사들고 집에 오곤 하셨다. 여동생도 나도 닭이라면 자다가도 벌떡 일어날 정도로 좋아했던 터라 아빠가 통닭을 사오시는 날이면 집에 웃음이 끊이질 않았다. 바삭바삭하고 야들야들한 노릇한 껍질에 육즙이 가득했던 그 통닭을 마다할 사람이 어디 있을까 싶다. 이제는 퍽퍽하고 담백한 맛이 가득한 가슴살이 핑크빛 보드라운 감촉의 닭다리살보다 더 좋은 어른이 되었지만, 그때는 왜 그렇게도 닭다리가 좋았던지 누구에게 빼앗길세라 하얀 봉투가 찢기고 통닭의 고운 자태가 드러나면 어김없이 두 자매의 손은 다리로 향했다. 나머지 다리도 먹고 싶어 아빠 엄마의 눈치를 흘깃 보고 있노라면 "아빠 엄마는 다리 싫어해. 가슴살이 더 좋아" 하고 내어주던 엄마의 모습이 기억난다. 어쩌면 내가 어른이 되어 목이 메어도 가슴살이 더 좋아진 것은 자식에게는 더 맛있는 것, 더 좋은 것을 주고 싶어 하셨던 부모님의 마음을 나도 가지게 되었기 때문이 아닐까 생각한다.

감자와 당근을 큼직하게 썰어 넣고, 간장과 갖은 양념으로 아빠가 만들어주시던 '닭볶음탕' 한 냄비면 후—후 불어도 먹고, 밥 위에 얹어도 먹던 즐거운 저녁시간의 추억이 생각난다. 복날 길게 늘어선 줄에 합류하여 기어이 땀을 뻘뻘 흘리면서 먹었던 삼계탕 한 그릇은 여름날의 더위를 물리쳤고, 닭다리를 노릇하게 튀겨 간장과 청주를 넣어 은근히 졸여 겉은 바삭하고 속은 쫄깃한 데리야끼 치킨이 탄생한 날에는 모두의 밥그릇이 깨끗하게 비워졌다. 닭만큼이나 다른 재료와 뛰어난 궁합을 자랑하고, 수백 수천 가지의 레시피를 가진 식재료도 드물 것이다.

언젠가 계획 없이 아이들과 담양으로 훌쩍 여행을 떠난 적이 있었다. 워낙 낯선 곳이라 무얼 먹어야 할지도 몰랐고, 큰 아이가 아파서 나갈 수도 없던 터라 나는 그 근처의 재래시장에서 큰 생닭 한 마리를 사왔다. 제대로 된 식재가 있을 리 만무했으니 숙소 주인에게 통마늘 몇 알과 소금, 쌀 조금을 빌려와 물, 마늘, 깨끗이 씻은 닭을 백숙 하듯이 오랜 시간 끓였는데 그 맛은 가히 환상적이었다.

담백하게 구워도, 물을 넣고 푹 익혀도, 튀겨도, 양념해서 끓여도 언제나 맛있는 닭. 손질하고 남은 부분은 각종 채소와 허브를 넣고 끓여 육수로도 만들 수 있으니 그야말로 어디 하나 '버릴 게' 없는 닭은 세상에서 가장 귀하고도 매력적인 식재가 아닐까 생각한다.

"이상하게 국물요리에는
　　　항상 닭냄새가 나지?"

"허브 마리네이드가 포인트!"

신선한 닭 고르기

화이트 미트의 대표인 닭은, 신선한 상태면 누린내가 나지 않는다. 껍질은 연한 크림색, 속살은 살짝 핑크빛이 도는 하얀색을 띄는데, 시간이 지날수록 누래지고 냄새가 난다. 살이 두툼하고, 단단해 보이며, 탄력이 있고, 오돌토돌 닭살이 도드라져 보이는 것이 좋다. 닭은 구입해서 2일 안에 조리하는 것이 좋으며, 다 먹지 못한다면 먹을 만큼만 사용하고 나머지는 냉동하는 것이 좋다. 냉동할 때는 키친타월로 감싸 수분을 흡수한 후 냉동하면 더 좋다.

생닭 손질하기

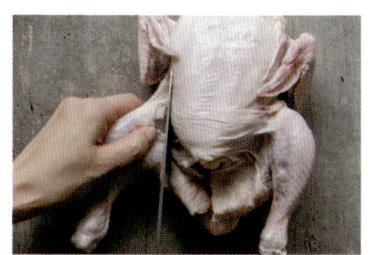 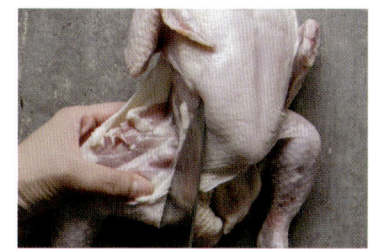 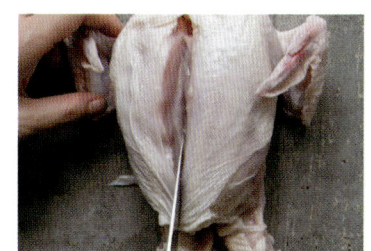
 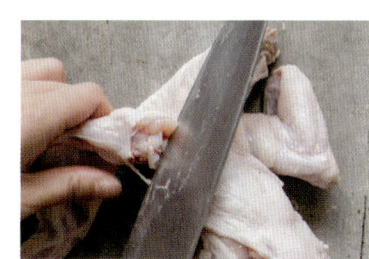 

닭을 구입하면 깨끗하게 씻은 후 키친타올이나 행주로 물기를 잘 닦고, 먼저 목 주변과 아래쪽 기름을 제거한다. 배가 나오게 뒤집어 다리를 양쪽으로 잡아당겨서 몸통과 다리가 이어지는 부분을 자르는데, 만졌을 때 연골 부위를 확인하고 자르면 쉽게 잘라진다. 이렇게 해서 허벅살이 붙어 있는 다리가 분리되었다. 그 다음에는 가슴 가운데를 거의 갈비뼈에 닿는 느낌으로 깊게 칼집을 넣어 가슴살을 도려낸 후 붙어 있는 안심을 도려낸다. 양쪽 날개를 잡아당겨서 몸통과 이어진 부분을 잘라 날개를 분리한 후 날개 중간의 관절을 잘라 봉을 분리한다.

TABLE RECIPE

이탈리아식 닭볶음탕

치킨 카치아토레
Pollo Alla Cacciatore

재료(4인분)
닭 1마리
화이트와인 1/2컵
소금 1/2큰술
후추 1큰술
로즈마리 3줄기
당근 1개
양파 1.5개
다진 파슬리 1줌

올리브오일 2큰술
다진 마늘 2큰술
블랙올리브 5알
그린올리브 5알
닭육수 150㎖
토마토소스 300㎖
페퍼론치노 4개
레드와인 100㎖

닭 요리는 참 매력적이다. 굽기도 하고, 찌기도 하고, 튀기기도 하고, 삶기도 하고, 조리거나 끓이기도 한다. 특히 양념을 자작하게 넣고 뭉근히 끓여 닭에 짭조름한 소스가 스미고, 닭에서 흘러나온 육즙이 소스와 섞여 적당히 기름기 있는 그 감칠맛은 먹을 때 온몸의 감각을 집중시킨다. 감자, 당근, 양파를 큼직하게 썰어서 간장과 고춧가루로 칼칼하게 양념하여 한솥 가득 끓이면 밥과 무척이나 잘 어울리는 우리네 닭볶음탕처럼 치킨 카치아토레도 닭 자체에서 배어 나온 진득한 육수와 바삭하게 튀겨진 껍질에 눅진하게 버무려진 토마토소스의 농축된 맛이 매력적이다. 그래서 내가 종종 이탈리아식 닭볶음탕이라 부르는 정말 마음을 사로잡는 메뉴이다.

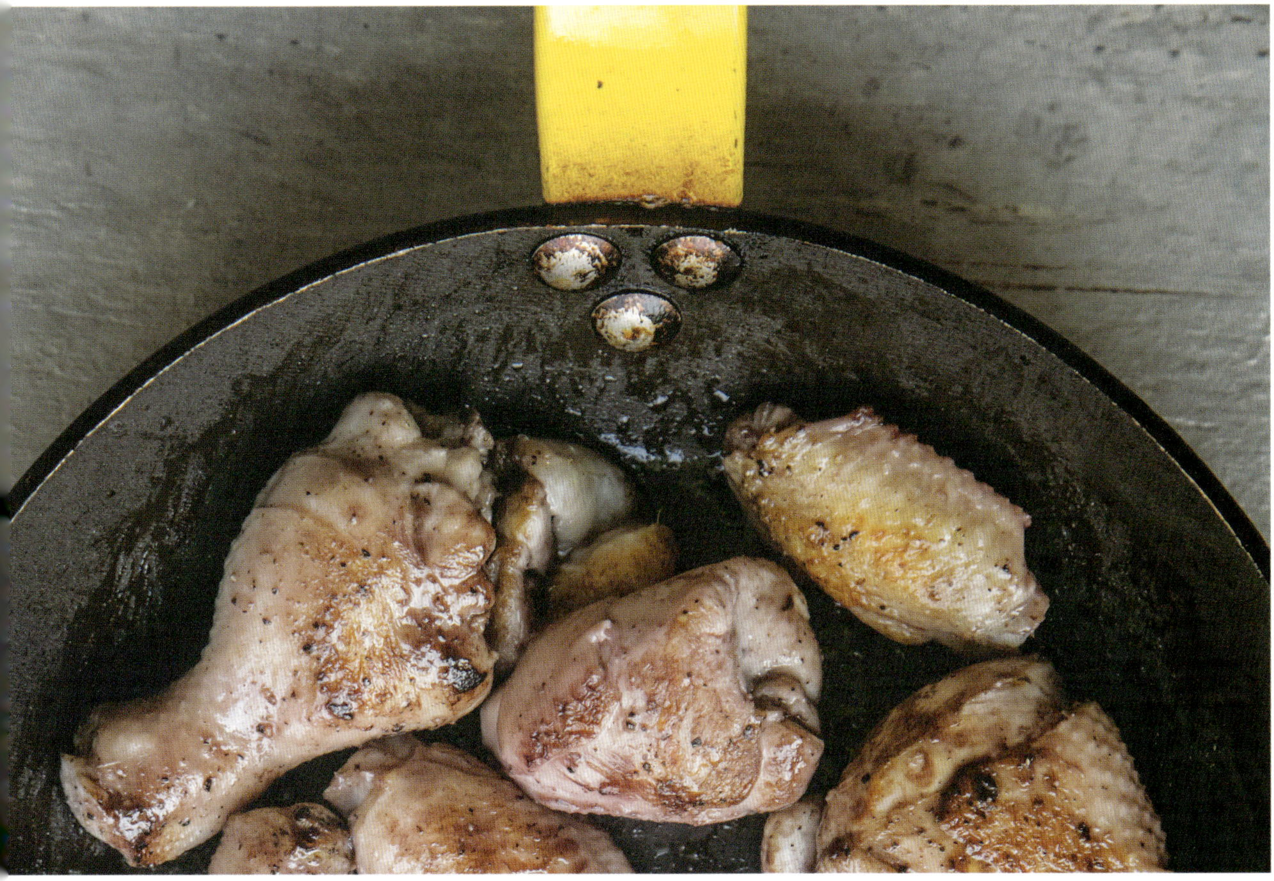

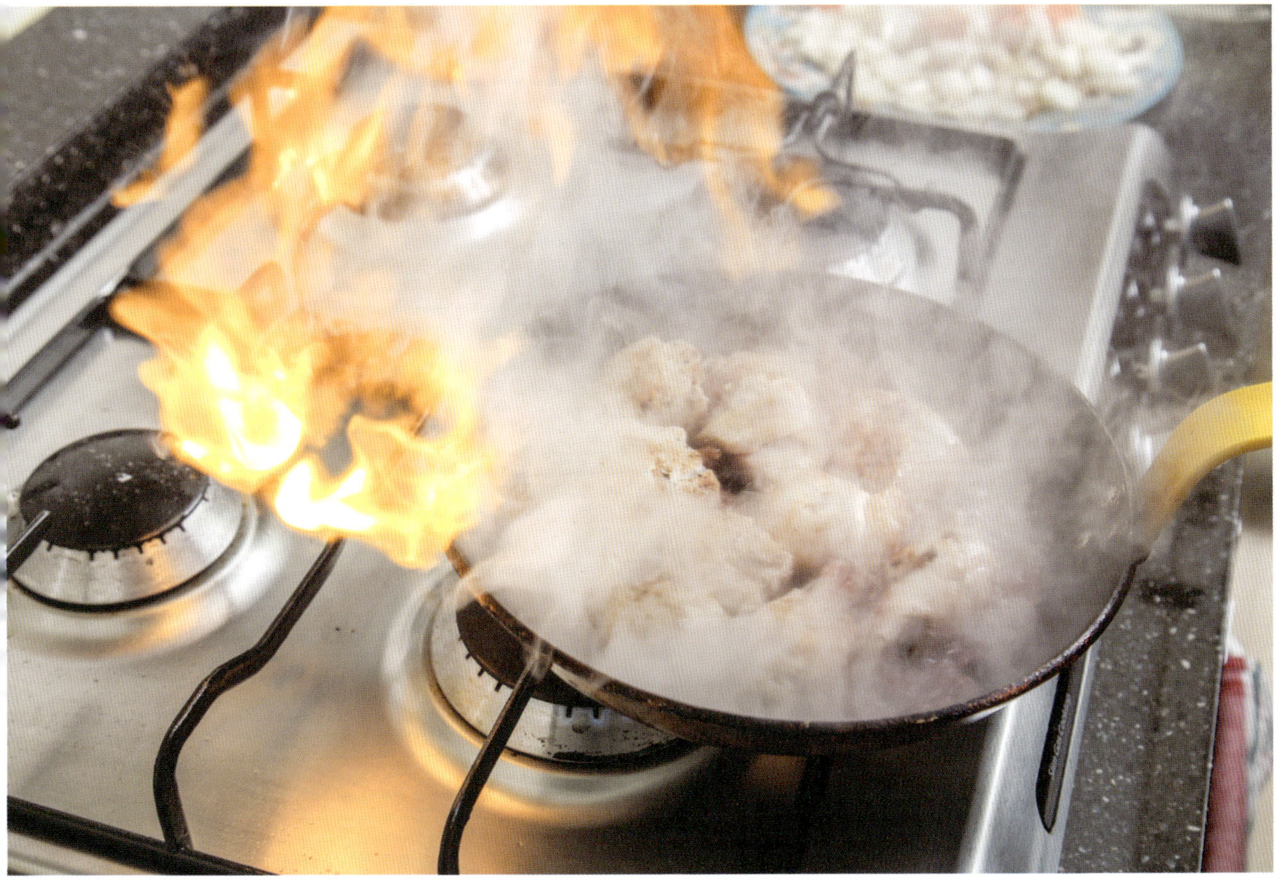

1 닭은 잘 씻어 키친타월로 물기를 제거한 후 부위별로 잘라서 화이트와인, 소금, 후추를 뿌리고 로즈마리를 얹어 30분 동안 재워놓는다.
2 양파와 당근은 큼직하게 한입크기로 썰고, 파슬리는 다져 놓는다.
3 잘 달궈진 팬에 올리브오일을 두르고 다진 마늘을 넣어 향을 낸 다음 강불에 양파, 당근을 볶은 다음 접시에 담아둔다.
4 냄비에 볶은 채소를 넣고 올리브 2종류와 닭육수, 토마토소스, 잘게 부순 페퍼론치노를 넣어 20분 동안 약불로 끓인다.
5 채소를 볶은 팬에 시즈닝한 닭을 굽는다. 처음에는 강불로 거의 껍질을 튀긴다는 느낌으로 익히다가 앞뒤가 골고루 갈색으로 익으면 불을 살짝 줄여 강중 정도의 불로 팬을 자주 흔들면서 바삭하고 노릇하게 굽는다.
6 닭이 잘 구워지면 레드와인을 넣어 알코올을 날린 후, 소스가 끓고 있는 냄비에 닭을 넣고 뒤적거리면서 농도가 걸쭉해질 때까지 뭉근히 끓인다.
7 먹기 전에 파슬리를 뿌린다.

닭냄새 잡는 비법

닭은 사실 요리를 잘못하면 냄새 나기가 쉽다. 그래서 누구는 우유에 재우기도 하고 레몬즙을 뿌리기도 하는데 모두 좋은 방법이지만 나는 화이트와인, 소금, 후추 그리고 각종 허브를 잘 활용한다. 특히 로즈마리는 많이 알려진 것처럼 닭과 좋은 밸런스를 이루는 허브다. 하지만 나는 로즈마리의 향을 그다지 좋아하지 않아 대신 타임이나 오레가노를 마리네이드할 때 충분히 사용한다. 신선한 허브를 구하지 못하면 말린 허브를 사용해도 좋다. 닭을 흐르는 물에 잘 씻어 키친타월로 닦은 다음 화이트와인을 골고루 뿌리고, 소금과 후추로 마리네이드 한다. 소금도 훈연소금이나 감칠맛이 도는 핑크소금을 사용하고, 후추도 통후추를 갈아 뿌린다. 여기에 레몬이나 오렌지 등 시트러스 계열의 제스트를 넣으면 친숙하면서도 색다른 고급스러운 맛이 난다.

또 다른 팁 하나는, 닭을 구운 다음 다른 소스나 재료와 함께 섞기 전에 강불에서 레드와인을 부어 플랑베(flambee, 해산물이나 육류에 알코올을 부어 불을 붙여서 잡내를 없애고 향을 돋우는 요리 기법)를 한다. 그러나 무엇보다도 닭을 냄새 없이 요리하려면 앞에서도 말했지만 신선한 닭을 고르는 것이 우선이다. 닭은 신선하지 않을수록 비릿한 냄새가 심하다.

TABLE RECIPE

새콤달콤 크리스피한

스틱키 레몬치킨
Sticky Lemon Chicken

재료(2인분)
닭정육살 1팩(보통 200g)
레몬 1개
간장 4큰술
꿀 2큰술
화이트와인 식초 2큰술
다진 파슬리 1작은술

2013년은 엄마처럼 요리하기 좋아하고 재잘대기 좋아하는 10살 딸아이가 한남동의 스튜디오에서 매주 요리하던 꿈같은 시간을 보냈던 의미심장한 한 해였다. 학교에서도 늘 방과 후 수업을 하게 되면 곧잘 〈요리〉를 선택했던 그녀가 가져오는 것이라야 식빵에 잼을 발랐다던지, 마요네즈를 듬뿍 버무린 과일샐러드 같은 간단한 것이었지만 한남동 스튜디오에서 요리하던 재료와 주제는 차원이 달랐다. 양파도 눈물을 흘리면서 직접 까고 잘라야 했고, 미끌미끌한 닭도 조심조심 칼을 쥐어가며 손질하던 그 시간 동안 딸아이의 요리 실력은 몰라보게 자랐고, 그녀의 마음도 자랐다.

무엇보다 이 때 그녀가 만들었던 많은 요리는 여느 소박한 레스토랑의 메뉴로 내기에도 부끄럽지 않을 정도로 근사했고, 기대하지도 않았던 맛은 무척이나 훌륭했던 기억이 난다. 특히 바삭하고 크리스피하게 구운 닭껍질과 야들야들한 다리살에 간장, 식

초, 꿀로 만든 소스로 버무린 새콤달콤하고 끈적끈적한 '스틱키 레몬치킨'은 한여름 밤의 저녁메뉴로 환영받았고, 아이들이 잠든 주말 밤 오붓하게 맥주 한 병 두고 영화를 보던 우리 부부에겐 더할 나위 없이 맛있는 안주가 되었다.

손가락에 남아있는 소스까지 남김없이 쪽쪽 빨아먹게 될 정도로 맛있는 소스와 불조절을 잘해서 크리스피하게 튀겨낸 닭껍질과의 조화, 거기에 산뜻하게 뒷맛을 잡는 레몬까지…… 아마 누구라도 반하게 될 그런 맛이라고 생각한다. 누군가는 이 맛을 보고, 이런 맛을 내는 양념치킨이 나왔으면 좋겠다고 이야기할 정도였으니까.

1 닭은 잘 씻어 물기를 닦고, 레몬은 슬라이스 해놓는다.
2 간장, 꿀, 식초를 볼에 섞어서 소스를 만들어둔다.
3 강하게 달군 팬에 닭고기를 바삭하게 굽는다. 이때 프라이팬은 조금 과하다 싶을 정도로 충분히 달구어져 있어야 하고, 닭껍질쪽부터 치—익 소리가 날 정도로 굽는다.
4 닭고기가 앞뒤로 바삭하게 구워지면 팬에 있는 기름을 따라내고 소스와 얇게 저민 레몬을 함께 넣어 조리듯이 굽는다. 숟가락으로 소스를 뿌려가면서 진득거릴 정도로 구워야 하는데, 이렇게 해야 윤기 나는 맛있는 치킨이 완성된다.
5 접시에 담아 다진 파슬리를 뿌리고 레몬으로 장식한다.

TABLE RECIPE

대파가 주인공인

야키도리
Yakidori

재료(2인분)
닭정육살 200g
후추 1꼬집
대파 5~6대

야키 소스
간장 4큰술
맛술 4큰술
설탕 1큰술

이자카야나 생선구이집에 가는 재미가 이 야키도리 때문이었을 만큼 야키도리를 좋아하던 시절이 있었다. 달금하게 익은 대파의 맛이 야들야들하고 짭짤한 닭다리살과 어우러져 그야말로 술이 술술 들어가곤 했으니까. 사실 조금만 정성을 들이면 집에서도 이자카야만큼이나 근사한 야키도리를 만들 수 있다. 특히 야키도리는 닭고기가 메인이라고 생각하는 사람이 있겠지만, 나는 단맛이 가득한 대파를 먹는 재미로 먹는다. 대파라고 해야 기껏해야 메인요리를 돋보이게 하는 비중 있는 가니쉬 정도로 생각하기 쉽지만, 대파의 매력을 그 정도로만 보면 오산이다. 스페인에서는 칼솟타다calçotada라고 해서 대파를 통째로 구워 로메스코romesco 소스에 찍어 먹고, 나는 고기를 먹을 때 파채 대신 고기 구웠던 팬에 버터만 살짝 녹여 대파를 구워서 소금을 살짝 뿌려 먹는데, 그 맛이 가히 예술이다. 발상을 전환하면 일상의 평범한 재료도 때로는 반전의 즐거움을 가져다주는 즐거운 메뉴로 변신한다.

1 소스팬에 간장, 맛술, 설탕을 넣고 양이 반으로 줄 때까지 졸여 야키 소스를 만든다.
2 닭에 후추를 뿌려 기름 없는 팬에 살짝 구운 다음, 어느 정도 식으면 한입크기로 자른다.
3 대파는 닭고기 크기와 맞춰 자른 다음 꼬치에 닭고기와 번갈아가면서 잘 꽂는다. 이때 꼬치를 물에 담가놓았다가 꽂으면 구울 때 불에 타지 않는다.
4 그릴이나 석쇠에 꼬치를 구울 때 충분히 예열해야 달라붙지 않으며, 약불에 구워야 타지 않는다.
5 다 구운 꼬치구이를 접시에 담고 붓으로 야키 소스를 자작자작 바른다.

대파의 매력이 돋보이는 칼솟타다

한국음식에서 대파의 가장 중요한 역할은 아무래도 메인을 돋보이게 하는 피날레를 장식하는 가니쉬 정도일 것이다. 그도 아니면 고깃집에서 고기와 함께 잘 어우러지라고 곁들여지는 파채 정도? 조금 더 메인의 역할을 하려면 잘 구워진 파전 정도를 떠올려볼 수 있겠다. 구운 대파는 다소 생소할지도 모르지만 고기를 구울 때면 난 늘 팬 한켠에 대파를 굽는다. 고기 기름에 구워진 대파는 정말 달콤하고 고소하다. 사실 고깃집에 가면 곁들임 메뉴로 나오는 파채를 구워 잘 익은 고기와 함께 먹으면 그 조합이 삼겹살과 구운 김치만큼이나 훌륭하다는 걸 아는 사람은 많지 않다. 아마도 스페인 사람들은 대파의 이런 매력을 잘 알았기에 고기에 칼솟타다와 로메스코 소스를 곁들였는지도 모르겠다. 칼솟타다는 스페인 까딸루냐(Catalunya) 지방의 칼솟(calçot, 대파의 일종)을 장작불에 구워 로메스코 소스에 찍어 먹는 것을 말한다. 봄이 오기 직전에 별미인 칼솟타다를 먹는데 마치 한국에서 가을의 전어를 먹는 것만큼이나 유명하다.

숯불에 대파를 통째로 구워 까맣게 탄 껍질을 벗겨내고 달콤하고 부드러운 하얀 부분만을 뽑아내서 먹는다. 구운 파프리카, 아몬드, 올리브오일, 마늘, 파마산 치즈로 만든 로메스코 소스에 찍어 먹는데 감칠맛 가득한 고기와 크리미하고 담백 고소한 로메스코 소스, 단맛이 풍부히 끌어올려진 대파의 조화는 정말 환상적이다. 다른 팁을 한 가지 더 소개하자면, 고기와 대파를 구울 때 마지막에 버터 작은 조각을 녹이고 소금, 후추를 뿌려 먹는 것인데, 어떨 때는 이게 너무 맛있어서 고기 먹는 것도 잊은 채 구운 대파만 골라 먹기도 한다.

TABLE RECIPE

엄마의 통닭구이

뿔레로티
Poulet Rôti

재료(4인분)
닭 1마리
감자 3개
통마늘 2~3개

닭 시즈닝
버터 4 ~ 5큰술
타임(가루) 1큰술
로즈마리(가루) 1큰술
오레가노(가루) 1큰술
바질(가루) 1큰술
소금 1큰술
후추 1작은술

감자 시즈닝
타임(가루) 1큰술
로즈마리(가루) 1큰술
오레가노(가루) 1큰술
바질(가루) 1/2큰술
올리브오일 2큰술
소금 1큰술
후추 1작은술
다진 마늘 1작은술

어린 시절이 생각나는 추억의 소울푸드가 몇 가지 있다. 비 오는 날 엄마가 따뜻하게 부쳐주신 초간장을 찍어 먹던 호박전, 달금한 양파와 감자, 당근이 들어간 카레, 무치는 내내 간을 봐준다며 엄마 옆에 서서 운 좋게 얻어먹곤 했던 통통한 콩나물무침과 갓 무쳐 먹으면 그렇게나 맛있었던 시금치나물까지…… 그 뿐인가 퇴근하던 아빠 손에 들려있던 하얀 종이백, 그 위에 먹음직스럽게 그려져 있던 통닭그림을 마주하게 되는 날은 팔짝팔짝 뛸 듯이 기뻤다. 바삭하게 구워진 껍질과 담백한 속살을 소금과 후추에 콕콕 찍어 먹다가 하얀 사각형 무를 오독오독 씹어 먹는 맛을 느낄 때의 기분이란 어떤 단어로도 표현할 수가 없었으니까.

닭만큼이나 요리법이 다양하고 남녀노소 구분 없이 사랑 받는 식재료도 드물다. 기운 없을 때는 황기와 수삼, 각종 한약재를 넣어 삼계탕이나 백숙을 해먹고, 기름지지

만 세련된 음식을 먹고 싶을 때는 허브와 버터를 듬뿍 발라 '뿔레로티'를 만들어 먹곤 한다. 이름만 거창했지 사실 뿔레poulet는 '치킨', 로티rôti는 '굽는다'는 의미이니 우리가 어린 시절 자주 먹었던 그 통닭구이와 크게 다를 바가 없다.

천천히 시간을 들여 구워낸 닭은 속까지 촉촉하고, 버터에 허브를 듬뿍 섞어서 발라 구운 껍질은 굉장히 바삭바삭하고 깊은 풍미가 있는데, 프랑스 가정식의 대표 요리인 뿔레로티는 주로 그 지역의 허브를 넣는다. 프로방스의 시장 입구에서부터 기분 좋은 버터향을 풍기며 화로에서 통째로 빙글빙글 돌아가며 구워지는 닭을 그 지역에서는 흔히 볼 수 있다. 함께 곁들여 먹으면 좋은 감자는 두툼하게 썰어 같이 구우면 포슬포슬하고 담백한 매력에 흠뻑 빠지게 된다. 아이들이 손가락까지 쪽쪽 빨며 맛있게 먹는 모습을 보면 왠지 미소가 지어지는 뿔레로티. 아빠의 손에 들린 추억의 전기구이 통닭은 그렇게 나의 아이들에겐 뿔레로티가 되어, 먼 훗날 이 녀석들이 어린 시절을 되돌아볼 때 엄마 생각 가득한 추억의 소울푸드가 되었으면 좋겠다.

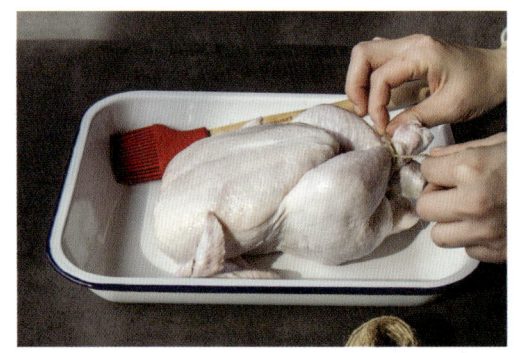

1 닭은 잘 씻어서 키친타월로 닦고 다리를 묶어 놓는다. 버터는 상온에 두었다가 말랑해지면 허브, 소금, 후추와 섞어 닭에 골고루 바른 다음, 200℃로 예열한 오븐에 1시간 30분 굽는다.
2 감자는 깨끗이 씻어 큼직하게 자른 다음 올리브오일, 허브, 소금, 후추와 잘 버무려 놓는다.
3 약 1시간 후 오븐에서 닭을 꺼내어 감자와 통마늘을 넣고 다시 오븐에서 30분 더 굽는다.
4 꼬치로 찔러보았을 때 핏물이 묻어나지 않으면 잘 익은 것이므로, 접시에 감자, 통마늘과 함께 예쁘게 담아낸다.

TABLE RECIPE

짭조름한 앤초비의
풍미가 일품인

치킨 시저샐러드
Chicken Caesar Salad

재료(2인분)
로메인 1~2포기
닭가슴살 2쪽
소금 1작은술
후추 1작은술
레몬즙 1큰술
크루통 2큰술

드레싱
노른자 1개
레몬즙 2큰술(1/2개 분량)
올리브오일 70㎖
파마산 치즈 2큰술
겨자 1/2작은술
앤초비 4쪽
우스터소스 1작은술
발사믹 식초 1작은술
마늘 1/2톨

1924년 이탈리아계 미국인 요리사 시저 칼디니 Ceaser Cardini가 티후아나 Tijuana에 있는 자신의 레스토랑에서 최초로 만든 샐러드이다. 독립기념일을 맞아 한꺼번에 몰려든 인파 때문에 샐러드 재료가 부족해서 주방에 남은 재료를 모아 즉흥적으로 만들었는데, 이것에 자기 이름을 붙여 '시저샐러드'라 했다고 한다. 이후 〈바람과 함께 사라지다〉의 주인공 클라크 게이블이 시저샐러드의 맛에 매료되어 할리우드 스타에게 소개하면서 서부에 시저샐러드를 파는 레스토랑이 급속하게 늘어났다고 한다. 이 샐러드가 미국 전역으로 알려진 데에는, 프랑스 요리를 미국에 널리 알렸던 미국의 유명 요리사 줄리아 차일드 Julia Child가 어린 시절 티후아나에서 시저가 직접 만들어주었던 시저샐러드의 추억을 자기 책에 소개하면서부터였다.

고소하고 아삭아삭한 식감의 로메인과 크리미하고 짭조름한 앤초비의 풍미가 돋보이는 드레싱, 바삭하게 잘 구워진 닭가슴살, 베이컨과 달걀노른자가 너무나 아찔한 조화를 이루는 시저샐러드는 언제나 그 어떤 샐러드보다도 내가 즐기는 메뉴 중 하나이다. 정성을 조금 더 들여 직접 구운 크루통을 같이 얹으면 유명 레스토랑 못지않은 근사한 샐러드가 된다.

1 로메인은 잘 씻어 물기를 빼고 먹기 좋은 크기로 자른다.
2 닭가슴살은 소금, 후추, 레몬즙에 시즈닝 해놓는다.
3 드레싱 재료를 볼에 모두 넣고 잘 섞는다. 푸드 프로세서에 넣고 한 번에 갈아도 좋다.
4 프라이팬을 달구어 닭가슴살을 앞뒤로 노릇하게 구운 후 한 김 식혀서 잘 찢어 놓는다.
5 예쁜 그릇이나 샐러드볼에 로메인을 먼저 담고 드레싱으로 잘 버무린 다음, 닭가슴살, 크루통을 골고루 올린다. 삶은 달걀을 잘게 부수어 같이 올려도 좋다.

아삭한 로메인

로메인은 얼음이 가득 담긴 차가운 물에 넣었다가 먹기 직전 물기를 빼서 요리하면 아삭한 식감을 즐길 수 있다. 드레싱도 먹기 직전에 버무려야 채소에 물기가 생기지 않고 눅눅해지지 않는다.

맛있게 닭을 굽는 방법

닭가슴살은 매우 통통해서 잘 익지 않는다. 두께의 가운데에 칼집을 넣어 양면을 펼쳐서 버터플라이 모양으로 만든 다음 고기망치로 두드리거나 포크로 찍어주면 육질이 부드러워진다. 먼저 프라이팬을 강불에 올려 달군다. 연기가 올라올 정도로 강하게 달궈지면 불을 살짝 줄여 닭가슴살을 치―익 소리가 나도록 굽는다. 앞면이 노릇하게 익으면 뒷면도 같은 방법으로 중약불에 속까지 촉촉하게 굽는다. 속살이 연한 핑크색이면 알맞게 익은 것이다.

크루통 만들기

갈색의 식빵테두리를 잘라 올리브오일을 살짝 흩뿌려 오븐에 바삭하게 굽거나 프라이팬에 노릇노릇하게 구운 후 큐브모양으로 자른다. 바게트를 사용할 경우에는 올리브오일을 바르거나, 반으로 자른 마늘을 문질러 향을 낸 다음 손으로 툭툭 뜯어서 오븐에 바삭하게 굽는다.

TABLE RECIPE

엄마의 마음이 담긴

레모니 치킨가스

Lemony
Chicken Cutlet

재료(2인분)
닭안심 1팩
소금 1큰술
후추 1/2큰술
화이트와인 1/4컵
레몬제스트 2개 분량
밀가루 1컵
달걀 3개
빵가루 1컵
카놀라유 5컵

소스
마요네즈 3큰술
꿀 1큰술
소금 1작은술
후추 1작은술
레몬즙 1작은술
레몬제스트 1/2개 분량

늘 바빴던 엄마이다 보니 아이들이 소풍을 가거나 생일이 되면, 정말 열일 제쳐두고 아이를 위해 무언가 특별하고 맛있는 것을 많이 만들어주고 싶었다. 소풍갈 때는 맛있는 김밥에다가 윤기가 흐르는 짭조름한 치킨 데리야키를, 생일에는 가장 부드럽다는 닭고기 안심을 사다가 소금, 후추로 밑간하고 화이트와인을 뿌려 두었다가 깨끗한 기름에 바삭하게 튀긴 치킨가스를 만든다. 닭고기를 재울 때는 깨끗하게 씻은 레몬을 갈아서 제스트를 듬뿍 뿌리고, 소스를 만들 때도 레몬즙과 레몬제스트를 함께 넣는다. 닭고기 중에서도 가장 부드러운 안심을 사용했기 때문에, 한입 물었을 때 그 촉촉함과 입 안 가득 퍼지는 레몬향이 정말 매력적이다.

"우리 엄마는 요리사여서 이렇게 요리를 잘해." 하고 엄지손가락을 치켜세우게 하는, 아이를 뿌듯하게 만드는 메뉴. 하지만 생각보다 너무 간단하고, 오며가며 하나씩 집어먹기도 좋아서 우리 집에 꼬마 손님이 모이는 날이면 빠지지 않고 만드는 고마운 메뉴이기도 하다.

빵가루
돈가스나 치킨가스를 튀길 때 시판 빵가루를 써도 좋지만 집에 먹다 남은 식빵이나 바게트를 오븐에 바삭하게 구워서 직접 커터로 갈아 쓰면, 유명 일식 돈가스집의 퀄리티로 만들 수 있다.

레몬 소독하기
레몬은 표면에 왁싱 처리를 해서 판매하므로 먼저 스티커를 떼고 굵은 소금으로 박박 문지르고 베이킹소다를 푼 물에 반나절 이상 담가 왁싱을 제거한 후에 사용하는 것이 좋다. 깨끗이 씻은 다음에는 마지막에 뜨거운 물로 소독하듯이 세척한다.

레몬제스트
제스트는 베이킹이나 요리할 때 자주 사용하는데, 조금 사용하면 맛에는 큰 변화를 주지 않지만 후각적으로는 레몬향을 선사하고, 시각적으로는 예뻐서 내가 정말 많이 사용하는 식재 중 하나이다. 제스트를 만들 때 요령이 필요한 데, 우선 레몬을 잘 씻어 마른 행주로 닦은 다음 제스터를 이용하여 손목의 힘을 빼고 가볍게 훑어준다는 느낌으로 갈아야 한다. 레몬의 하얀 부분은 쓴맛이 많이 나므로 되도록 이 부분은 갈리지 않도록 주의한다.

1 닭안심은 힘줄을 제거하고 고기망치로 살짝 두드린 다음 소금, 후추, 화이트와인, 레몬제스트를 뿌려 30분 동안 재운다.
2 잘 재워진 안심을 밀가루 → 달걀물 → 빵가루 순서로 잘 입힌 뒤 180℃ 카놀라유에 바삭하게 튀긴다.
3 볼에 소스 재료를 모두 넣고 잘 섞어 노릇하게 튀긴 치킨가스와 함께 낸다.

TABLE RECIPE

마음이 힘든 날엔

치킨 수프
Chicken Soup

재료(2인분)
당근 1/2개
셀러리 2 ~ 3대
마늘 1쪽
닭가슴살 1덩어리
버터 1조각
닭육수 3컵
렌틸콩 1/4컵
쇼트파스타 1/2컵(선택)
소금 1작은술
후추 1꼬집
다진 파슬리 1큰술

비 오는 날, 바쁜 일상에 지쳐 있는 날, 마음먹은 대로 일이 풀리지 않아 몸과 마음이 녹초가 되어버린 그런 날, 수프를 먹어본 적이 있는가? 그런 날 수프를 먹어본 사람은 아마 공감할지도 모른다. 한 그릇의 따뜻한 수프를 마주하는 순간 영혼이 위로받는 느낌이 든다는 걸…… 그래서 『내 영혼의 닭고기 수프』라는 책 제목까지 생겨났는지 모르겠다. 음식은 그 한 그릇만으로도 따뜻한 위로의 힘을 지니지만, 음식을 먹던 그날의 기온, 그날의 공기, 함께한 사람 같은 것들은 그 음식의 맛을 더 특별하게 해주는 힘을 지닌다. 특히 마음이 힘든 날, 땀을 주―욱 흘려가면서 먹는 한 그릇의 치킨 수프 같은 것들은 고단했던 마음을 잠시 잊고 새로이 힘을 내게 하는 마법 같은 힘을 지녔다.

세상에 둘도 없이 친했던 여동생이 미국으로 유학 가던 날, 나는 정말 주체할 수 없는 감정의 소용돌이에 휘말려 몇 시간이나 엉엉 울고 말았다. 걱정하던 남자친구의

전화에 감정을 조절하지 못한 채 말을 제대로 잇지 못했고, 걱정이 되어 찾아온 남자친구는 아무것도 먹지 않고 울기만 하던 나를 집 근처 패밀리 레스토랑으로 데려갔다. 통통 부은 눈으로 치킨 수프를 마주한 나는, 아무것도 먹지 않아 배가 고프기도 했고, 다 커서 어린아이처럼 울던 게 창피하기도 해서 묵묵히 먹기만 했었다. 말 한마디 하지 않았지만 아주 야무지게 한 그릇을 비워냈다. 따뜻했던 한 그릇의 수프를 먹는 동안 나의 서러웠던 마음은 사라졌고 슬픈 기분도 떨쳐냈다. 단지 한 그릇의 수프일 뿐이었지만 그 따뜻한 한 그릇은, 이제 그만 슬퍼하고 힘을 내라는 다정한 메시지를 가득 지닌 것 같았다.

유독 마음이 힘든 날이 있다. 마음을 다잡으려고 하는데 쉽지 않은 날, 머리로는 되는데 가슴이 따르지 못하는 그런 날, 나는 한솥 가득 수프를 끓인다. 다정함과 든든함과 따뜻함이 가득한 수프는 지금 내가 가진 문제를 어떻게도 해결해주진 못하지만, 그릇 가득한 수프를 먹고 있노라면 고단했던 마음은 눈 녹듯 사라지고 작은 평화를 맞이하니 말이다.

1 당근은 깍둑썰기하고, 셀러리는 잘게 자르고, 마늘은 다져 놓는다.
2 렌틸콩은 물에 잠깐 불려 놓는다.
3 닭가슴살은 찌거나 구워서 준비해 놓는다.
4 달군 팬에 버터를 녹이고 마늘을 넣어 향을 낸 후 당근과 셀러리를 볶는다.
5 당근과 셀러리가 어느 정도 익으면 닭육수를 붓고 끓인다. 완성되기 10분 전에 물기를 뺀 렌틸콩을 끓인다. 이때 쇼트파스타를 넣으면 근사한 한 끼 식사가 된다.
6 소금, 후추로 간하고 그릇에 수프를 담고 잘게 찢은 닭가슴살과 파슬리를 얹어 완성한다.

치유의 한 그릇, 미네스트로네 Minestrone

요리를 하면서 "수지 씨는 식당 안 열어요?", "나중에 레스토랑 열 생각 없어요?' 하는 질문을 종종 받곤 한다. 아무것도 모르고 취미 삼아 요리를 좋아하게 되었을 때에는 나는 이러이러한 콘셉트의 음식을 만드는 가게를 내고 싶다는 이야기를 수도 없이 많이 하곤 했었는데, 오히려 요리를 업으로 삼으면서부터는 이 질문에 쉽게 대답하지 못한다. 아마도 본격적으로 이쪽 일을 하게 되면서 만나게 된 실제 셰프의 모습을 옆에서 가장 잘 봐왔기 때문이 아닌가 싶다.

2015년 갈라 디너를 위해 후니 킴 셰프님이 한국을 방문하셨을 때, 스스로 자원해서 셰프님이 진두 지휘하는 주방에서 패스트리 셰프 pastry chef 보조를 했었다. 요리하는 일은 TV드라마나 예능에서 보는 것처럼 결코 화려하지 않았다. 한 치의 실수도 용납되지 않는 긴장과 피곤의 연속에서 강인한 체력과 정신력으로 이를 버티면서 팀원을 잘 리드하는 지휘자의 모습이 내게 각인된 셰프의 모습이기에, 감히 내 스스로 음식점을 여는 일은 없을 거라고 생각하곤 했었다. 그러나 나중에 나이가 들어 작고 소박한 〈수프가게〉 하나쯤은 꼭 내고 싶다는 생각을 종종 했었다.

나에게 있어 수프는 맛있는 음식 그 이상의 강한 치유의 힘을 지녔다. 첫 아이를 갖고 친정식구를 모두 미국에 떠나보낸 채 우울한 임신기간을 보내고 있던 내게 위로의 한 그릇은 '프렌치 어니언 수프'였고, 몸이 무척이나 좋지 않아 오들오들 떨고 있을 때 땀이 쭉 나도록 먹던 따끈한 '미네스트로네'는 치유의 힘이었으며, 보스턴에서 먹었던 '클램 차우더'는 이제는 이 세상에 없는 친구와 나누었던 화해의 한 그릇이었다. 그래서 언젠가 기회가 된다면, 나는 수프가게를 하나 열고 싶다. 지친 어깨가 축 처지는 그런 날, 누군가와 헤어지고 위로 받고 싶은 그런 날, 한 그릇을 먹는 것만으로도 힘이 나고 기분이 좋아지는 그런 수프를 늘 만들어내는 그런 가게 말이다.

재료(6인분)
병아리콩 1컵
셀러리 3대
양파 1개
당근 1.5개

마늘 2톨
베이컨 4~5줄
닭육수 1캔(411g)
토마토홀 2캔(475g=1캔)
토마토소스 2큰술

오레가노(가루) 1/4 작은술
타임(가루) 1/4 작은술
마조람(가루) 1/4작은술
월계수잎 1장
바질 3~4장

1 병아리콩을 4시간 이상 불렸다가 삶아 놓는다.
2 셀러리, 양파, 당근은 큐브모양으로 자르고, 마늘은 편으로 썰고, 베이컨은 작게 잘라 놓는다.
3 팬을 달구어 베이컨을 볶다가 그 기름에 셀러리, 당근, 양파를 볶고 닭육수를 채소가 잠길 정도로 부은 다음, 토마토홀과 토마토소스를 넣는다.
4 삶은 병아리콩을 수프가 끓기 시작하면 넣고 오레가노, 타임, 마조람, 월계수잎 등 말린 허브를 넣어 약불에 뭉근히 1시간 정도 끓인다.
5 수프를 그릇에 담아 다진 바질을 뿌려서 먹는다.

TABLE RECIPE

만들어두면 유용한 닭육수

치킨 브로스
Chicken Broth

재료

닭(또는 절단 후
남은 부위) 1마리
자투리 채소
(당근, 양파 등) 1 ~ 2개
셀러리 1 ~ 2대
마늘 5 ~ 6톨
통후추 20알
월계수잎 2장
타임 6 ~ 7줄기
오레가노(가루) 1/2줌
물 약 2ℓ

지금이야 세상이 편해져서 조금 큰 마트에 가면 캔에 든 치킨 브로스닭육수를 쉽게 구할 수 있다. 고형으로 된 치킨스톡 큐브를 녹여서 손쉽게 닭육수를 이용한 요리도 가능하다. 어떤 사람들은 닭을 통째로 냄비에 넣고 긴 시간 끓여 육수를 만들기도 한다. 물론 이렇게 오랫동안 익혀진 닭은 부추, 초간장과 함께 백숙으로 즐겨도 좋겠지만, 그렇다고 매번 닭 한 마리를 사용해서 만들어야 한다면 육수 만드는 일은 엄청난 부담이 아닐 수 없다.

나는 닭요리를 하는 날, 미리 손질된 절단육을 사서 요리하기도 하지만 대개는 닭을 통째로 사서 다리, 날개, 봉, 가슴살, 안심 등으로 분리하여 자른 다음 남은 자투리 뼈와 살로는 육수를 만든다. 물론 부르기뇽처럼 정성이 오래 들어가는 깊은 맛을 내야 하는 요리를 해야 할 때는 통째로 닭을 넣어 물을 충분히 붓고 뭉근한 불에 8 ~ 9시간 끓이기도 하지만, 급할 때는 닭을 손질하고 남은 자투리 부분에 허브를 넣고 2 ~ 3

시간 푹 끓이면 나오는 뽀얀 국물도 급한 대로 꽤 유용하게 쓰인다. 이렇게 만들어진 육수는 완전히 식혀 하룻밤 냉장고에 둔 뒤 굳은 기름을 걷어내고 수프나 스튜, 짬뽕 같은 국물 요리에 사용한다.

허브 같은 향신료를 안 넣고 끓이면 떡국, 칼국수 등 한식용 국물을 낼 때 아주 잘 사용할 수 있다. 넉넉하게 만들어 냉동용 지퍼백에 넣고 판판하게 얼렸다가 나란히 세워서 냉동실에 보관하면 요리할 때 한 팩씩 꺼내서 사용하기에 아주 편리하다.

1 닭 1마리 또는 자르고 남은 부위와 마늘, 당근, 양파 등의 자투리 채소, 셀러리를 큼지막하게 썰어서 냄비에 넣고 물을 넉넉히 붓는다.
2 여기에 통후추, 월계수잎, 타임, 오레가노를 넣고 강불에 끓이다가 한 번 부르르 끓기 시작하면 중약불에서 2~3시간 뭉근히 끓인다. 중간에 국물이 너무 많이 졸면 물을 보충하면서 끓인다.
3 닭을 1마리 통째로 넣고 끓이면 육수가 매우 진해져서 냉장고에 보관하면 젤리처럼 굳어진다.
4 두 종류의 육수 모두 냉장고에 차게 보관했다가 굳어지면 기름을 걷어내고 사용한다.

TABLE EPISODE
05

SEAFOOD

해 산 물

나의 요리이야기 중에서 결코 빠질 수 없는 식재료가 바로 해산물이다. 껍질을 벗기고 노랗고 통통한 살을 들어 올려 입 안에 넣으면 짭짤하고 달큼한 국물이 가득 퍼지는 모시조개부터 버터를 듬뿍 녹여 노릇노릇하게 구우면 맹세컨대 꼬리, 껍질까지 맛있게 즐길 수 있는 새우, 초고추장에 찍어 먹으면 신선한 바다 냄새와 함께 우유같이 진하고 고소한 한겨울의 석화, 껍질을 자작자작하게 구우면 마치 버터에 구워 먹던 쥐포만큼이나 매력적인 담백하고 껍질이 끝내주는 가자미, 무를 자박자박하게 썰어 넣어 시원하게 끓여낸 아빠의 대구지리, 적당히 기분 좋은 정도로 삭힌 홍어에 고춧가루 듬뿍 넣어 끓이면 둘이 먹다 한 명이 죽어도 모르게 맛있는 홍어찌개까지. 싱싱한 해산물은 떠올리는 순간부터 입 안에 침이 고이게 만드는 내가 가장 좋아하는 식재료 중 하나이다.

그러나 중금속에 오염된 생선과 바다생물들이 늘어나면서 해산물은 언제부터인가 식탁에 올리기 꺼려지는 신세가 되고 말았다. 하나하나 따져보면 마음놓고 먹을 수 있는 식재료가 얼마나 되겠는가. 스트레스 엄청 받으며 해산물을 포기하기보다는 더욱 깐깐하게 신선한 재료를 고르고, 가장 건강하게 요리한다면 오히려 낫지 않을까 싶어 싱싱한 해산물을 먹고 싶을 땐 주저하지 않고 가락시장을 들락거리던 나였다. 그러다 보니 단골가게가 생겼고 심지어는 5번 기둥 옆 상진물산에 가면 가장 정직하고 신선한 모시조개와 홍합을, 맛있는 가자미는 안쪽 제일수산에 가면 살 수 있다는 나만의 작고 소소한 구매팁들이 생겨났다.

추운 밤 칼칼하게 끓여낸 한 그릇의 홍합탕도, 무엇 때문인지 진이 잔뜩 빠진 날 통통하게 살이 오른 가자미를 버터에 지지듯이 진득하게 구워 먹는 것도, 내게는 빼놓을 수 없는 한 자락 삶의 여유가 되었다.

"새우를 보면 늘 고민하게 돼."

"무슨 고민?"

"머리부터 먹을까?
꼬리부터 먹을까?"

TABLE RECIPE

애피타이저로도 손색 없는
새우스캠피와 병아리콩 페스토 샐러드
Shrimp Scampi & Chick Peas Pesto Salads

재료(1인분)	바질페스토
병아리콩 1컵	바질 100g
새우 5 ~ 6마리	잣 1/2컵
버터 1조각	마늘 1톨
화이트와인 1큰술	파마산 치즈 2컵 분량
소금 1작은술	올리브오일 1컵
후추 1/2작은술	레몬즙 1/2큰술
레몬즙 2큰술	
레몬제스트 1개 분량	

이 메뉴는 평소 많이 존경해왔던 CIA 출신 한 셰프의 초대를 받아서 그분 키친에서 너무나도 맛있게 먹었던 '문어 병아리콩 페스토 샐러드'에서 영감을 받아 내식대로 해석해본 레시피이다. 생각보다 너무 맛있어서 신선한 페스토를 잔뜩 만든 날에는 어김없이 해먹곤 한다. 쇼트파스타를 삶아 차가운 콜드파스타로 먹어도 좋겠고, 특별한 손님이 오는 날이면 애피타이저로 내어도 손색이 없을 '새우스캠피와 병아리콩 페스토 샐러드'는 실제로 대접 받는 이들이 가장 좋아하는 애피타이저 중 하나이기도 하다.

1 병아리콩은 최소한 6시간 이상 불린 후 20분 동안 삶아 놓는다.
2 믹서에 바질, 잣, 마늘을 넣고 올리브오일을 조금씩 넣어가면서 간다. (돌절구와 공이를 사용할 경우에도 마찬가지다.) 믹서용기 안쪽에 붙은 내용물을 잘 긁어 넣으면서 돌리다가 레몬즙을 살짝 넣고 소금, 후추로 약간 간한 후 다시 돌린다. 마지막에 파마산 치즈를 넣고 살짝 갈아서 바질페스토를 완성한다.
3 껍질을 벗기고 등쪽 내장을 제거한 새우를 버터를 녹인 팬에 굽기 시작한다. 바닥면이 어느 정도 익으면 뒤집어서 반대편도 익히는데, 화이트와인을 살짝 뿌려 알코올을 날린다.
4 새우가 골고루 익으면 레몬즙 1큰술과 레몬제스트를 뿌린 다음 소금, 후추로 간을 한다.
5 삶은 병아리콩을 새우가 있는 팬에 옮기고 바질페스토도 넣어 새우와 함께 골고루 버무린다. 이때 남은 레몬즙 1큰술을 넉넉히 뿌린 다음 접시에 담는다.

스캠피(scampi)

원래 노르웨이에서 많이 잡히는 노르웨이 랍스터(Norway Lobster)의 일종을 일컫는 스캠피는 여기에 마늘, 버터, 와인 등을 넣어 흔히 조리하게 되었고 그러면서 새우에 마늘, 버터, 레몬즙, 와인을 넣어 요리하는 조리법의 총칭으로 알려지기 시작하였다. 사실 미국에 가면 흔한 식당메뉴로 등장하는 것이 이 <스캠피>인데, 늘 새우가 등장하고 버터와 레몬맛이 강해서 나는 버터와 레몬으로 조리한 새우를 일컫는 말이라고 생각했었다. 버터와 알코올이 새우의 풍미를 살리고 레몬이 들어가 상큼해서 파스타를 해먹어도, 샐러드에 올려도 매력적이다. 새우스캠피 파스타를 만드는 방법은 매우 간단하다. 달군 팬에 버터 3큰술을 녹여서 새우를 앞뒤로 굽다가 레몬즙을 뿌린 다음, 미리 삶아둔 면과 면수 1/2컵 정도를 넣고 팬을 기울여 소스를 숟가락으로 계속 뿌려가면서 면에 잘 배게 한다. 잘 섞였으면 소금과 후추로 간하고 마지막에 레몬제스트를 골고루 뿌린다.

슈퍼곡물 병아리콩

병아리 얼굴을 닮았다고 하여 이름 붙여진 '병아리콩'은 이집트콩이라 불리기도 한다. 흡사 밤맛과도 비슷하고 담백하고 고소한 맛으로 세계인의 사랑을 받는 슈퍼곡물 중 하나이다. 식이섬유가 풍부하고, 철분, 단백질, 칼슘 및 비타민과 미네랄이 풍부하여 식탁에 자주 올리면 더없이 좋은데 오랜 시간 불려야 하기 때문에 생각날 때마다 충분히 불려서 삶아 냉장고에 보관했다가 먹는다. 샐러드나 수프 파스타 또는 밥에 섞어 먹으면 좋은데, 특유의 콩 비린내가 나지 않는 고소하고 담백한 맛이 일품이다.

TABLE RECIPE

오리지널과 달라도 괜찮아

봉골레 파스타
Vongole Pasta

재료(2인분)

모시조개(또는 바지락) 600g

마늘 4~5톨

올리브오일 2큰술

페퍼론치노(또는 건고추) 2개

화이트와인 1컵

링귀니 파스타 200g

소금 20g

면수(파스타 삶은 물) 1/2~1컵

후추 1작은술

다진 차이브와 파슬리 1/4작은술

어쩌다 나가서 외식이라도 할라치면 늘 눈치작전을 벌이면서 조금이라도 더 먹으려고 모든 감각을 집중시키게 만드는 〈마성의 파스타 메뉴〉가 있었으니 그건 다름 아닌 '봉골레 파스타'이다. 넉넉히 먹도록 차라리 하나를 더 시키면 그만일 텐데 식탐은 많아서 다른 메뉴도 먹어보고 싶고 또 적당히 나누어 먹으면 된다 싶어 봉골레를 하나만 주문하면 네 명의 가족은 접시에 얼굴을 파묻고 조금이라도 더 먹을 태세다.

사실 한국 사람치고 봉골레 파스타를 싫어하기란 국물이 시원한 바지락 칼국수를 싫어하는 것만큼이나 어려운 일이다. 시원한 조개에 깔끔하고 드라이한 화이트와인 터치가 더해지고 좋은 올리브오일에 한껏 향이 우러난 마늘까지 어우러져, 품위 따위는 던져버리고 바닥까지 핥아먹고픈 욕망을 일으킨다. 그렇기 때문에 봉골레를 집에서 만들면 여간 신나는 일이 아닐 수 없다. 양은 보통 레스토랑의 4배로, 조개는 바지

락이 아닌 모시조개를 듬뿍 넣고 만들어 주말 메뉴로 내놓으면 아이들과 남편의 얼굴에 함박미소가 가득해지는 봉골레 파스타이다.

아무리 맛있게 만든 파스타를 내어도 본인의 입맛에는 잘 맞지 않는다고 투정하는 남편도 이 봉골레 파스타만큼은 엄지손가락 두 개를 치켜들기도 모자란다. 파스타 삶은 물을 다 버리지 않고 조금 남겨두면 자신의 취향대로 국물의 양을 조절할 수 있어 좋은데, 우리 가족은 국물을 넉넉하게 만들어 후루룩 소리를 내며 먹는 칼국수 스타일로 즐기는 봉골레 파스타를 좋아하고, 난 국물의 양이 적고 짭조름한 조개국물이 올리브오일에 엉긴 진득진득한 스타일을 좋아한다. 그 어떤 것이 이탈리아 본토의 맛과 닮았는지는 모르겠지만, 적절히 취향에 맞춰 자신이 가장 좋아하는 방식으로 즐길 수 있다면 오리지널 스타일과는 다르다 해도 그만 아닌가.

1 조개는 물을 붓고 소금을 넉넉히 넣은 뒤 검은 봉지를 덮어 해감하고, 마늘은 편으로 썰어 준비한다.
2 올리브오일을 두른 팬에 마늘과 페퍼론치노를 넣어 향을 내는데, 마늘이 바삭하게 익으면 접시에 담아 놓는다.
3 팬에 모시조개를 넣어 화이트와인을 붓고 강불에 알코올을 날린 다음 뚜껑을 덮는다.
4 팔팔 끓는 물에 소금을 넣고 면을 삶는다.
5 조개가 입을 벌리면 파스타 삶는 면수를 농도를 조절하면서 넣고 끓인다.
6 면이 알덴테(al dente)로 익으면 건져 팬에 넣고 재빠르게 한 번 버무린 다음 접시에 담는다.
바싹 구운 마늘을 올리고, 후추와 다진 차이브와 파슬리를 뿌려서 장식한다.

파스타 맛있게 삶기

파스타 100g에 물 1ℓ, 소금 10g을 넣고 삶는데, 파스타가 서로 붙지 않을 정도로 넉넉한 크기의 냄비를 준비한다. 물을 팔팔 끓여야 하는데 이는 파스타를 넣으면 물이 급격히 식을 수 있기 때문이다. 유럽 사람들은 '파스타는 소태물에 삶아야 한다'고 말할 정도로 짠물에 파스타를 삶아낸다. 소금은 아낌없이 많이 넣어야 파스타에 간이 잘 배어든다. 파스타를 삶을 때는 뚜껑을 덮어 넘쳐흐를 정도로 팔팔 끓는 물에서 익히고, 올리브오일은 절대 넣지 않는다. 올리브오일은 파스타끼리 서로 붙지 않게 하려고 업장에서 주로 사용하는데 충분한 양의 물을 넣고 처음에 잘 저으면 절대 붙지 않는다. 좋은 파스타는 다이스(파스타를 뽑아내는 틀)로 뽑아낸 거친 표면을 자랑하는데, 이 거친 표면 사이사이로 소스가 잘 배어들기 때문이다. 올리브오일을 넣으면 면 표면이 매끄러워져 소스가 묻지 않는다.

또 한 가지는 파스타 삶을 때 '알덴테로 삶아야 한다'는 말을 많이 들었을 것이다. <알덴테>는 살짝 덜 익어 심지가 남아있는 정도로 삶아진 것을 가리키는데, 파스타의 종류마다 삶는 정도가 모두 다르므로 파스타 제품 봉지에 적혀 있는 조리시간을 참고하면 가장 완벽하게 삶을 수 있다.

면수는 버리지 않고 1~2컵 정도 남겨두는데, 소스가 걸쭉하다 싶거나 오일파스타가 너무 건조할 때 조금씩 보충하면 완벽한 파스타를 만드는데 요긴하게 쓰인다.

펜네, 리가토니 같은 쇼트파스타는 홈이 있거나 구멍이 있어 소스가 잘 배어들어 샐러드로 즐기기에 좋으므로 미리 소스에 버무려서 냉장고에 넣어두면 아침에 간단하게 샐러드를 만들 수 있고, 수프에 넣으면 든든한 한 끼가 되기도 한다. 한편 크림 파스타를 탈리아텔레, 페투치네, 링귀니 같은 파스타로 만들면 납작한 표면에 소스가 더 많이 묻혀져서 진한 맛을 즐길 수 있다.

TABLE RECIPE

나에겐 가슴 저릿한

클램 차우더
Clam Chowder

재료(6인분)
모시조개 600g
물 600㎖
감자 2개
베이컨 100g
대파 1대
버터 15g
밀가루 1/4컵
생크림 100㎖
우유 50㎖
소금 1작은술
후추 1작은술
타임 2~3줄기
사워도우 브레드
(또는 깜빠뉴) 1덩어리

음식만큼 예민하게 그 당시의 상황을 잘 반영해주는 매개가 있을까? 우리가 '맛있다'라고 기억하는 것은 다만 음식의 맛 때문만은 아닐 것이다. 그날 함께한 사람들, 차가웠다거나 쌀쌀했다거나 진득하게 땀이 났던 날이라든가, 아니면 글을 쓰는 지금처럼 비가 오는 어두운 실내라든가 하는 그날의 온도, 공기까지도 가장 명민하게 함축적으로 담고 있는 것이 아마도 맛의 추억일 것이다. 특별할 것 없는 평범한 음식, 소소한 이야기를 담은 〈심야식당〉이 가슴에 꽉 차는 듯한 감동을 가져다주는 것도 그 때문이라 생각한다.

내게 클램 차우더는 아픈 기억이자 아릿한 추억이다. 2000년 여름 대학원생 시절, 나름 스무 살의 중반을 훌쩍 넘어버린 자신이 다 큰 어른이라 생각했던 그때, 나는 가장 친했던 두 살 어린 대학원 동기 강제연과 야심찬 여행 계획을 세웠다. 제연이는 학교 갈 때 대치역에서 3호선을 타고 우리 집이 위치한 압구정역에 내려 나를 기다렸다가 같이 가곤 했던 마음이 따뜻하고 정이 많은 동생이었다. 이제껏 많은 벗을 만나보았

지만 그토록 순수하고 따뜻하게 나를 많이 좋아해준 친구가 있었을까? 나도 제연이를 많이 좋아했었고, 우리는 학기 내내 과외며 아르바이트며 열심히 모은 돈으로 미국여행을 떠났다. 서부에서 2주, 나머지 2주는 동부에서 보내게 되었는데 뉴욕에서 꿈같은 한 주를 보낸 우리는 그레이하운드를 타고 보스턴으로 떠났다.
여행을 함께 가면 그 사람의 진면목을 알게 되고 예기치 못한 갈등을 접하게 된다 하지 않던가? 3주 동안 쉬지 않고 열심히 다녔던 우리는 그 당시 체력적으로 많이 지쳐 있었고 여행 자금도 바닥을 보이고 있었다. 뉴욕에 돌아가기 전 날 아침, 우리에게 남겨진 것은 허기진 배와 너무 걸어 퉁퉁 부은 다리, 뉴욕행 버스티켓, 그리고 주머니에 있던 단돈 10불이었다. 딱히 이유는 없었는데 서로 신경이 날카로워져 티격태격 말로 신경전을 펼치던 우리는 결국 멀찌감치 떨어져 걷기 시작했다. 걸음이 빠른 내가 문득문득 뒤를 돌아보면 부아가 치밀게 느릿느릿 모른 척 걷던 제연이가 어찌나 얄밉던지……. 그러던 나는 작고 허름한 가게 유리창에 대문짝만하게 쓰인 글귀에 마음을 빼앗기고 말았다.

'Clam Chowder just for $6' 클램 차우더 단돈 6불!

제연이의 동의를 구할 것도 없었다. 내가 먼저 가게에 들어갔고, 제연이는 말없이 가게 안으로 들어왔다. 수백 번은 썼음직한 낡은 법랑 그릇 가득 김이 모락모락 나던 클램 차우더 한 그릇. 쫄깃한 조개살과 부드럽고 담백한 감자, 입천장이 델 정도로 뜨거운 수프가 목구멍을 타고 넘어가는 동안 마음은 따뜻해졌고, 도대체 이 먼 곳 다시는 함께 할 수 없을지도 모를 낯선 곳에 와서 둘만이 보내는 이 시간을 소중히 여기지 못하고 왜 화를 내고 있는지 갑자기 제연이에게 미안한 마음이 들었다. 서로 말없이 허겁지겁 수프를 먹어댔지만 아마 제연이의 마음도 그러했으리라.

멋쩍게 서로를 보며 웃음 짓던 우리는 수프 한 그릇에 서운한 마음 따위는 모두 날려버린 듯했다. 계산을 하고 나가면서 나는 자연스레 제연이의 어깨에 팔을 둘렀고 어색해서 별다른 말은 하지 않았지만 사이좋게 그레이하운드를 타고 서로의 어깨를 베개 삼아 단잠을 자며 뉴욕으로 떠났던 그날의 추억을 생각하면 지금도 가슴이 저릿하다.

제연이는 2011년 가을, 급성종양으로 세상을 떠났다. 그녀에게는 눈에 넣어도 아프지 않을 일곱 살 딸과 사랑하는 남편이 있었다. 세상 좋아하는 수프 중 하나가 클램 차우더이지만 그래서일까? 한동안은 클램 차우더를 먹지 못했던 적도 있었다. 시간이 약이라고 이제는 그녀를 웃음 지으며 기억하게 된다. 그 당시엔 어른이라고 생각했지만 여전히 철부지였던 이십 대 시절, 우리는 젊은 혈기가 가득 찼고, 세상에 대한 막연한 꿈과 포부가 가득한 때였다. 미치도록 누군가를 좋아해보기도 하고, 말도 안 되게 삐딱한 시선을 갖기도 하고, 자신의 인생에서 가장 찬란한 시기를 보내는 지도 몰랐던 그때. 그저 맛있게 먹었던 '클램 차우더' 한 그릇은 그렇게 추억이 되고, 의미가 되고, 따뜻함이 되었다.

1 볼에 조개와 물을 가득 넣고 소금을 넉넉히 넣어 검정 비닐봉지를 덮어서 30분 이상 해감한다.
2 냄비에 물을 붓고 조개를 넣어 육수를 끓인다. 조개가 입을 벌리면 불을 끄고 건져낸 다음, 삶은 조개의 반 정도를 살을 발라 따로 담아 놓는다.
3 감자는 크지 않게 깍둑썰기하여 물에 담갔다가 전분기를 제거해 놓는다.
4 대파는 흰부분을 가늘게 썰고, 베이컨은 잘게 자른다.
5 뜨겁게 달군 냄비에 버터를 녹이고 대파를 넣어 강불에 볶다가 베이컨을 넣고 대파가 물러질 때까지 충분히 볶는다. 여기에 밀가루를 넣고 갈색이 되지 않도록 주의하면서 볶는다.
6 베이컨 냄비에 조개육수를 붓고 끓기 시작하면 물기를 제거한 감자를 넣는다.
7 감자가 익을 즈음 조개살을 넣어 5~6분 끓인 후 생크림과 우유를 부어 뭉근히 끓이다가 소금, 후추, 타임을 넣는다.
8 깜빠뉴나 사워도우의 윗부분을 도려내고 속을 파내어 수프를 담아내면, 수프볼로도 훌륭하지만 빵을 찢어서 수프에 푹 적셔 먹는 재미도 쏠쏠하다.

신선한 조개를 고르는 방법

싱싱한 조개는 살이 탱탱하게 탄력 있고 단단하며, 입을 살짝 벌리고 있다. 톡 두드려 보았을 때 입을 다물면 신선한 것이고, 처음부터 입을 다물고 있거나 툭 쳐도 껍질이 계속 열려 있다면 신선하지 않은 것이다. 조개 두 개를 서로 살짝 두들겼을 때, 싱싱한 것은 투명한 소리가 난다. 신선한 조개는 물 600㎖에 굵은 소금 1큰술을 기준으로 넣어 해감시키는데, 이때 검은 비닐 등을 덮어 어둡게 하면 해감이 더 잘된다. 조개를 익혔을 때 입을 벌리지 않은 것은 싱싱하지 않은 것이므로 과감히 버린다.

TABLE RECIPE

산뜻한 가자미 버터구이

솔 뫼니에르
La Sole Meuniere

재료(2인분)
가자미 2마리
소금 2작은술
후추 1작은술
밀가루 6큰술
버터 6큰술
레몬제스트 1개 분량
레몬즙 1/2개 분량
(취향에 따라 양 조절)

다진 파슬리 1큰술(선택)
케이퍼 10 ~ 12알
레몬 1/4조각(선택)

레몬버터 소스
버터 3큰술
레몬즙 1/2큰술
소금 1/2작은술
후추 1꼬집

엄마는 늘 프라이팬에 가자미를 바싹 튀겨주셨다. 생선을 그다지 좋아하지 않던 어린 시절이었지만 예외는 있었다. 노릇노릇하다 못해 바삭한 껍질에 잘 말려 콤콤한 냄새까지 곁들여진 가자미, 밀가루를 묻혀 구워내면 촉촉하고 소금이 밴 껍질 때문에 비릿함조차 느껴지지 않던 갈치. 지금이나 그 당시나 비싼 몸값은 매한가지이지만, 저녁나절 고소하게 튀겨지던 갈치 냄새, 가자미 냄새에 밥 두 그릇은 너끈히 비웠고, 보글보글 김치찌개와 기름을 발라 구운 김 몇 장이면 남부러울 것 하나 없던 저녁식탁이었다.

어릴 적에 자주 오르던 가자미와 갈치도 막상 내가 엄마가 되고 아내가 되어 직접 장을 보게 되니 비싼 몸값에 쉽게 지갑을 열 수 없는 생선이 되어버렸다. 그렇게 되고 보니 알뜰살뜰하셨던 엄마가 다소 비싸지만 자식과 남편에게만은 맛있는 저녁거리를 만들어주고 싶으셨겠구나 하는 생각이 들어 괜히 코끝이 찡해진다. 자주는 아니지만 나도 수산시장에 가면 자주 집게 되는 생선이 가자미다. 그냥 싱싱한 상태로 튀겨도 끝내주게 맛있지만 나는 가자미를 잘 씻어 굵은 소금을 살짝 뿌려 볕이 잘 들고

서늘한 곳에 이틀을 말린다. 다용도실에 쿰쿰한 생선냄새가 진동해도 걱정할 것이 없다. 가자미가 잘 말려지고 있다는 신호니까.

소금간이 짭짤하게 배고 꼬들꼬들해진 생선살은 더 탄력이 생긴다. 이 상태로 앞뒤 노릇노릇하게 구워 먹으면, 가자미가 이렇게 맛있는 생선이었나 탄성이 절로 나온다. 그러나 무엇보다 내가 좋아하는 메뉴는 '솔 뫼니에르'이다. 유명한 요리영화 〈줄리 앤 줄리아Julie & Julia〉에서 줄리아 차일드로 분했던 메릴 스트립Meryl Streep이 특유의 콧소리로 감탄을 하며 뼈째 발라 먹던 그 생선, 그 장면을 보면 솔 뫼니에르가 무언지 모르는 사람도 같이 한자리 차지하고 앉아 함께 먹고 싶어질지도 모른다.

고소하고 짭짤한 껍질이 버터를 만나 풍미를 더하고, 부드럽고 담백한 하얀 살은 껍질과 어우러져 입 안에 즐거움을 선사한다. 풍부하고 느끼한 듯하다가도 레몬이 더해져 산뜻하게 마무리되는 정말 맛있는 생선요리 '솔 뫼니에르'. 우리가 늘 먹던 가자미에 레몬과 버터만 더해졌을 뿐인데 이렇게 다른 맛을 내는구나 하고 놀랄지도 모른다. 물론 나는 꼬득하게 말려 기름에 튀겨낸 우리 엄마의 가자미도 너무 좋아하지만 말이다.

1 가자미는 소금, 후추를 골고루 뿌려 밑간을 한 후 밀가루를 골고루 묻혀 털어낸다.
2 달군 팬에 버터를 녹여 등쪽부터 노릇하게 굽는다.
3 등쪽이 노릇하게 익으면 레몬제스트와 레몬즙을 골고루 뿌리고 뒤집어서 배쪽도 노릇하게
잘 구운 후 따로 담아 놓는다.
4 가자미를 구운 팬에 버터, 레몬즙, 소금, 후추를 넣어 부글부글 거품이 일 때까지 끓여 레몬버터
소스를 만든다. 이 때 생크림을 같이 넣어도 맛있으니 기호에 따라 넣는다.
5 팬에 구운 가자미를 넣고 뜨거운 레몬버터 소스를 가자미 위에 골고루 끼얹으면서 굽는다.
접시에 담아 다진 이탈리안 파슬리를 뿌리고, 케이퍼를 올린 다음 레몬조각도 함께 장식하면 좋다.

가자미 맛있게 즐기기
통통한 가자미는 노릇한 껍질과 담백한 하얀 살의 조화만으로도 매력이 가득하지만 조금 더 정성을 들이면 근사한 요리로 변신한다. 감자를 넓적하게 썰어 오븐용기에 가득 넣고 슬라이스한 레몬을 얹은 후 올리브오일을 듬뿍 뿌려 오븐에 굽는다. 20분이 지나면 오븐에서 꺼내 칼집 낸 가자미를 얹고 다시 굽는다. 중간중간에 오븐을 열어 올리브오일을 끼얹어가면서 구우면 레몬향이 아찔한 담백하고 맛있는 가자미 요리가 완성된다.

TABLE RECIPE

단숨에 한 접시를 비우는

그라브락스
Gravlax

재료(4인분)
생연어 500g
쿠엥트로
(또는 브랜디) 3 ~ 4큰술
레몬즙 1/2개 분량
레몬제스트 2작은술
설탕 2큰술
소금 1큰술
후추 1작은술
딜 3 ~ 4줄기

그라브락스gravlax는 연어의 본고장 노르웨이에서 연어를 숙성시켜 먹는 저장법 중 하나로 소금, 설탕, 허브에 재워서(원래는 땅에 묻었다가 먹는다고 한다) 먹는 방법이다. 연어를 좋아한다고도 싫어한다고도 말할 수 없었던 나는, 그 부드럽고 입 안에서 살살 녹는 식감으로 치면 연어가 좋은 것 같다가도 느끼하고 그 비릿한 맛이 부담스러워 기름기가 많지 않고 갈색부분이 잘 보이지 않는 연어살만 골라 먹곤 했었다. 촌스러워서 그런지 어릴 때부터 지금까지 고질적으로 변하지 않는 입맛이 있다면 비린 것을 '안 먹는' 것이 아니라 '못 먹는'다는 것이다.

한국인들이 그렇게 좋아하는 고등어도 못 먹겠고, 제사 지낼 때 시어머님이 좋은 조기만을 골라 고사리를 넣고 정성스레 쪄서 며느리 먹인다고 제사 후에 가장 큰 놈을 골라 접시에 놓아주시는데, 튀긴 조기라면야 모르겠지만 나는 찐조기의 그 비릿한 맛을 견뎌내기가 힘들었다. 아마 해산물을 좋아한다고 하면서 꽤나 모순적인 이

야기를 하고 있는데 그래도 가자미, 대구 같이 담백한 흰살생선이라면 이야기가 달라진다. 심지어 이 생선들은 껍질까지도 먹을 수 있으니 말이다. 연어 이야기를 하다 삼천포로 흘렀는데, 어쨌든 생선에 대해서는 꽤나 예민하고 들쭉날쭉한 식성을 가진 내가, 좋아하고 싫어하는 것이 분명한 내가, 확실히 정의 내리지 못하는 생선이 바로 연어다.

필라델피아롤에 들어간 그 고소하고 부드러운 연어, 고추냉이를 듬뿍 얹어서 먹던 사케돈의 그 싱싱한 연어, 어릴 적 아빠 회사가 있었던 한남동에 지금은 없어진 〈뫼벤픽〉이라는 스위스 가게에서 팔았던 그 훈제연어만큼은 확실히 내가 좋아하는 것들이긴 하다. 그런데 더 분명한 건 이렇게 연어에 대한 모순적인 느낌을 가지고 있는 내가 단숨에 한 접시를 비울 수 있는 것이 '그라브락스'이다. 상쾌한 딜과 레몬의 향, 쫀쫀하고 부드러운 육질은 연어에 대한 나의 모순을 여지없이 무너뜨린다.

1 연어에 쿠엥트로와 레몬즙을 뿌리고 설탕, 소금, 후추, 레몬제스트를 차례로 뿌린 다음, 딜을 듬뿍 얹는다.
2 랩으로 연어를 잘 감싸서 묵직한 돌로 눌러 냉장고에서 하루 정도 숙성한다.
3 생긴 물을 따라버리고 냉장고에서 하루 더 숙성한 다음 크래커에 크림치즈, 차이브와 함께 얹어서 곁들어 먹거나 그라브락스 자체로 먹어도 맛있다.

연어 베이글 샌드위치

숙성시킨 그라브락스는 케이퍼, 다진 양파, 허니머스터드 소스와 함께 애피타이저로 즐기거나 샐러드, 샌드위치 재료로도 좋고, 구운 베이글에 크림치즈를 듬뿍 발라 그 위에 얹어 먹어도 맛있다. 큐브모양으로 잘라 레몬즙을 듬뿍 뿌리고 호박씨나 아마란스 등을 듬뿍 묻혀 꼬치에 꽂아내면 근사한 애피타이저가 된다. 또한, 김밥에 크림치즈와 함께 넣으면 일식집에서나 봄직한 근사한 필라델피아롤이 되고, 얇게 저며서 밥 위에 무순, 고추냉이와 함께 얹으면 색다른 사케돈을 즐길 수 있다.

재료
베이글 1개
그라브락스 50g
마담로익 치즈 (또는 크림치즈 스프레드) 2 ~ 3큰술
딜 2 ~ 3 줄기
케이퍼 4 ~ 5개
적양파 1/4개

만들기
1 베이글은 반으로 갈라 팬에 굽고, 적양파는 얇게 슬라이스 한다.
2 베이글에 마담로익 치즈나 크림치즈를 듬뿍 바르고 그 위에 얇게 썬 그라브락스를 올린 다음 적양파, 케이퍼를 얹고, 딜을 손으로 뜯어서 올린다.

paysan BRETON
Le Fromage Fouetté
Madame Loïk
Ail et Fines Herbes
SMALL IS BEST!
NONPAREILLE
CAPERS
INGREDIENTS

TABLE RECIPE

기분이 처지는 날에는

뻬쉐
Pesce

재료(2인분)
까사레치아 200g
소금 2큰술
올리브오일 1큰술
마늘 2톨
페퍼론치노 4 ~ 5개
양파 1/4개
대하 2마리
모듬 조개류(백합, 모시조개,
바지락 섞어서) 400g
홍합 2 ~ 3개
오징어 1/2마리
화이트와인 1/2컵
토마토소스 400 ~ 500g
닭육수 1 ~ 2컵
후추 1작은술

까사레치아(casareccia)
'할머니가 집에서 만들어준'이라는 의미를 가진 까사레치아는, 말 그대로 할머니가 남은 자투리 반죽으로 꼬아서 만든 것처럼 자연스러운 꼬임이 특징이다. 쫀득쫀득하지만 파스타끼리 잘 붙지 않고 소스가 잘 묻혀져 토마토 베이스 요리와 잘 어울리는 쇼트파스타이다. 브리치즈, 올리브, 반으로 가른 토마토와 함께 올리브오일과 후추를 듬뿍 뿌려 콜드파스타로 즐기기도 한다. 크림소스를 듬뿍 묻혀 먹어도 맛있다.

어느 비 오던 날이었다. 여름이었지만 하도 에어컨을 틀어대서 머리가 지끈지끈하고 오한기가 날 즈음, 나는 무언가 국물이 진득하고 따뜻한 것이 먹고 싶었다. 그때의 상황을 보면 해물이 듬뿍 들어간 짬뽕 정도면 충분했을텐데 이탈리안 레스토랑으로 들어간 이유가 무엇인지 기억나지 않지만, 이내 자리를 잡고 앉은 나는 "무언가 국물이 있고, 뜨끈하고, 시원한 맛을 내는 파스타는 없냐"고 레스토랑 주인에게 물었다. "하하…… 뻬쉐를 드셔야 겠군요! 아마 땀이 주―욱 날겁니다. 맛있으니 드셔보세요!"

그 당시 뻬쉐가 무엇인지 잘 몰랐던 나는 메뉴판 속 그림을 보며, 그것이 해산물이 들어간 토마토 베이스의 국물 파스타라는 것을 알게 되었고, 이런 컨디션에 이만한 메뉴도 없겠다 싶어 메뉴판 속의 사진을 가리키며 '뻬쉐'를 달라고 주문했다.

뚝배기 안에 보글보글 끓여져 나온 뻬쉐는 국물이 자작한 시원하고 얼큰하고 개운한 파스타였다. 이탈리아는 삼면이 바다여서 그런지 우리나라 사람과 정서도 비슷하고 음식도 어떤 면에서는 닮았다는 말을 들은 적이 있는데, 한국 사람의 입맛이라면 그날의 분위기나 나의 컨디션은 제쳐두고라도 충분히 매력을 느낄만한 맛이었다. 땀이 주욱 나면서 국물을 흡입하게 되는 중독성 있는 맛이었지만 중국음식을 먹은 것 같은 더부룩함은 남지 않는 굉장히 깔끔하고 개운하고 시원한 맛, 먹는 내내 '맛있다'를 연발하며 감동했던 뻬쉐 한 그릇을 야무지게 비운 나는 이마에 송글송글 맺힌 땀을 닦아냈다. 축 처지고 오한과 두통에 시달리던 나의 몸이 훨씬 좋아지는 기분이 들었다.

지금도 무언가 기분이 처지는 날, 몸살이 날 것 같은 기분이 드는 날, 무언가 따끈하고 맛있는 것이 먹고 싶어지는 날에는 싱싱한 해산물을 듬뿍 넣고 뻬쉐를 만든다. 그날이 비가 오는 날이면 더더욱 좋다. 비 오는 청량한 소리를 들으며 뜨끈한 국물과 바다 향기 가득한 시원한 해산물을 입 안에 잔뜩 넣고 오물거릴 때면 맛있는 것, 먹는 즐거움의 본질에 대해 생각하게 된다. 맛있는 음식이 우리들 삶에 주는 위로와 따뜻함, 그것은 또 다른 내일을 살아갈 용기가 되어준다.

1 깊은 냄비에 물을 넉넉하게 붓고 소금 1큰술을 넣어 팔팔 끓을 때 까사레치아를 넣고 알덴테로 삶아 채반에 받쳐둔다.
2 달군 팬에 올리브오일을 두르고 편으로 자른 마늘, 페퍼론치노를 넣어 향을 낸 다음 대하를 넣고 구워 따로 대하만 접시에 담아 놓는다.
3 잘게 다진 양파를 마늘 있는 팬에 볶고 어느 정도 익으면 모듬 조개와 홍합을 넣어 강불에 볶다가 화이트와인을 붓고 알코올을 날린다.
4 뚜껑을 덮고 조개가 익기를 기다렸다가 조개가 입을 벌리면 토마토소스와 닭육수를 붓는다.
5 껍질을 벗겨 미리 한입크기로 잘라둔 오징어와 구운 새우를 팬에 넣고 뭉근히 끓이다가 보글보글 끓기 시작하면 미리 삶아둔 파스타를 넣고 3 ~ 4분 더 끓인다.

플랑베(flambe)

뷔페나 철판요릿집에서 요리사가 세게 달군 팬에 와인을 부으면 '확'하고 불길이 치솟는 것을 본 적이 있을 거다. 어릴 때는 <불쇼>를 본다며 호들갑을 떨곤 했는데, 프랑스어로 이를 플랑베(flambe)라고 한다. 사전적인 의미는 조리중인 요리나 소스를 센불에서 적당한 도수의 주류를 첨가하여 단시간에 알코올을 날리는 행위를 일컫는다. 눈으로 보기에만 멋있는 허세라 생각할 수도 있겠지만, 와인이나 브랜디를 넣고 이렇게 플랑베를 하면, 고기나 해산물의 잡내가 사라지고 와인이나 브랜디의 풍미가 입혀져 맛이 상당히 매력적으로 된다. 집에서 플랑베를 한다면 팬을 강하게 달구고, 센불인 상태에서 기울이듯이 알코올을 붓는다. 불이 화르르 붙으면 무서워하지 말고 팬을 흔들어 골고루 알코올 향이 스미게 해준다. 처음에는 어렵고 힘들 것 같지만 익숙해지면 플랑베하는 것도 꽤 재미가 있다. 나는 미트볼이나 조개 같은 해산물에도 플랑베를 하지만 가끔 바나나, 복숭아, 사과를 구울 때도 하는데 이렇게 하면 고급스런 풍미가 더해지고 아이스크림과 함께 먹으면 정말 그 맛이 천국과도 같다.

TABLE RECIPE

고마운 힐링의 아이콘

브뤼셀식 와인홍합찜
Bruxells Mussels Mariniere

재료(4인분)
홍합 800g
모시조개 300g
마늘 10톨
방울토마토 6~7개
셀러리 1대
올리브오일 1큰술
화이트와인 1컵
대파 1/4대
고추 1~2개
통후추 1작은술
타임 1~2줄기

손발이 얼 듯한 추운 겨울, 김이 모락모락 나는 포장마차 홍합탕에 청양고추를 듬뿍 넣어 먹고 있노라면 콧등엔 땀이 송글송글 맺히고, 시원하고 깔끔하고 온몸이 따뜻해지는 그 맛에, 하루의 피로와 노곤함을 날려버린 기억들이 누구에게나 있을 것이다. 겨울이 오면 흔하고 값싼 재료인 홍합을 사다가 마늘과 볶아 와인을 넣고 끓이다가 조개육수를 붓고 끓여내곤 하는데, 이 맛을 못 잊어 겨울밤이 되면 우리 집엔 늘 이 홍합을 먹으러 놀러 오곤 하는 친구들이 있었다.

이제 와서 생각하면 긴긴 겨울밤, 친구들이 우리 집을 들락날락 했던 건 이 홍합 때문만은 아니었을 거다. 가정의 경제를 책임지는 남편들은 늘 회사일로 바빴고, 결혼을 하고 난생 처음 마주하는 육아와 살림, 그 길고 험난한 시간들 속에서 씨름하며

엄마와 아내라는 이름만 남았지 꿈과 희망이 가득했던 내 정체성은 멀리 던져두었던, 힘들었던 마음을 서로 위로 받는 함축적인 무언가가 그 홍합찜 한 그릇에 들어있었다는 생각이 든다.

아기들이 행여 깰까 불을 낮춰 조그마한 촛불을 켜고, 목소리도 낮춘 채 와인 한 병과 냄비 가득한 홍합을 두고 이런 저런 이야기를 나누고 위로 받던 지난날들…… 따끈하고 칼칼한 국물을 먹고 있노라면 몸에는 온기가 돌고, 볼에는 홍조가 떠오른다. 육즙 가득 품은 통통하고 다디단 홍합살, 그리고 이내 올라오는 와인의 향취는 지치고 고단한 몸과 마음을 토닥거려주는 고마운 힐링의 아이콘이었다.

1 홍합은 깨끗이 손질하고, 모시조개는 소금물에 1~2시간 담가 해감하고 깨끗이 씻어둔다.
2 마늘은 얇게 편으로 썰어놓고, 셀러리는 작게 자르고, 방울토마토는 씻어 물기를 빼고 반으로 자른다.
3 팬에 올리브오일을 두르고 마늘을 향이 나도록 충분히 볶은 다음, 모시조개와 와인 1컵, 물 1컵,
대파를 넣어 조개의 입을 벌어질 때까지 끓여 육수를 낸다.
4 다른 팬에 올리브오일을 두르고 중불에서 홍합을 볶다가 물이 생기면 만들어둔 조개육수를 붓는다.
5 홍합이 익기 시작하면 자작하게 잠길 정도로 육수를 더 붓고 방울토마토, 셀러리를 넣는다.
육수를 낸 모시조개도 살을 발라 넣고 한소끔 끓인다.
6 너무 오래 끓이면 조개와 홍합이 질겨지니 어느 정도 끓으면 통후추를 굵게 갈아넣고
타임 1~2줄기를 얹어 서브하다. 바삭하게 튀긴 감자튀김과 맥주와 함께 먹으면 잘 어울린다.

벨기에식 와인홍합찜

브뤼셀식 홍합찜은 대개 와인을 넣지만, 벨기에에서는 크림소스나 토마토소스를 넣어 즐기기도 한다. 와인은 산뜻하고, 토마토는 깊고도 개운한 감칠맛을, 크림소스는 풍부하고 부드러운 맛으로 각각 다른 매력이 있으니 취향에 따라 만들어 먹으면 좋겠다.

토마토소스 홍합찜

재료(2인분)
토마토소스 2.5컵
닭육수 1/2컵
페퍼론치노 2개
홍합 200g
화이트와인 1/4컵
셀러리 1/2대
방울토마토 2~3개
타임 2~3줄기

만들기
1 토마토소스를 냄비에 붓고 닭육수와 손으로 자른 페퍼론치노를 넣어 끓기 시작하면 홍합, 화이트와인, 셀러리, 반으로 자른 방울토마토를 넣고 끓인다.
2 홍합이 입을 벌리기 시작하면 타임을 넣고 1~2분 더 끓인다. 바게트나 크래커를 국물에 찍어 먹으면 맛있다.

크림소스 홍합찜

재료(2인분)
펜넬(또는 양파) 2큰술
셀러리 5cm
방울토마토 2~3개
버터 1큰술
생크림 1컵
화이트와인 1/2컵
홍합 200g
타임 2~3줄기

만들기
1 펜넬 또는 양파는 잘게 다지고, 셀러리는 작게 썰고, 방울토마토는 반으로 갈라놓는다.
2 팬을 달구어 버터 1큰술을 녹여 다진 펜넬이나 양파를 넣고 볶은 다음 생크림과 화이트와인을 붓고 끓인다.
3 끓기 시작하면 홍합, 토마토, 타임을 넣고 홍합이 익을 정도로만 끓인다. 완성된 홍합 크림소스는 구운 바게트와 함께 찍어 먹으면 맛있다.

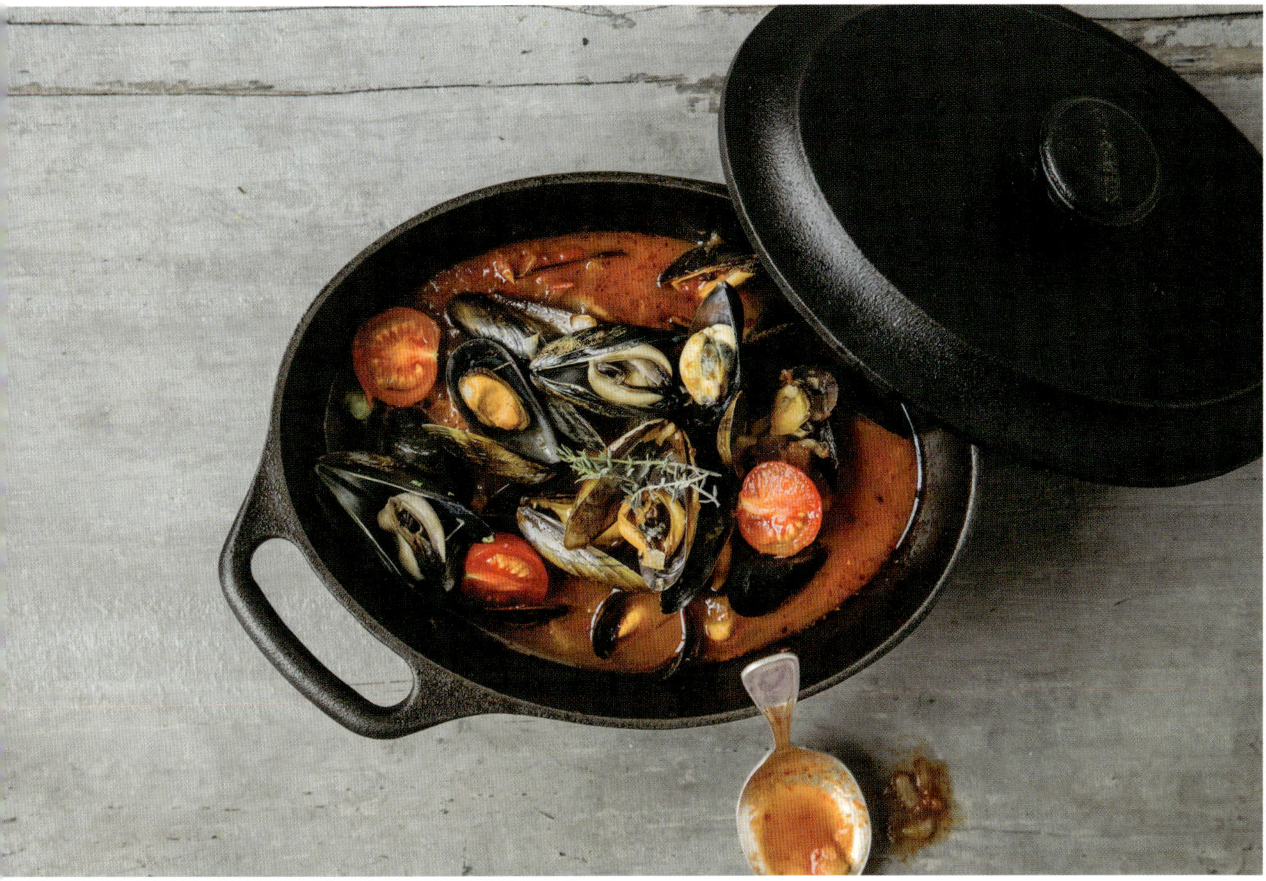

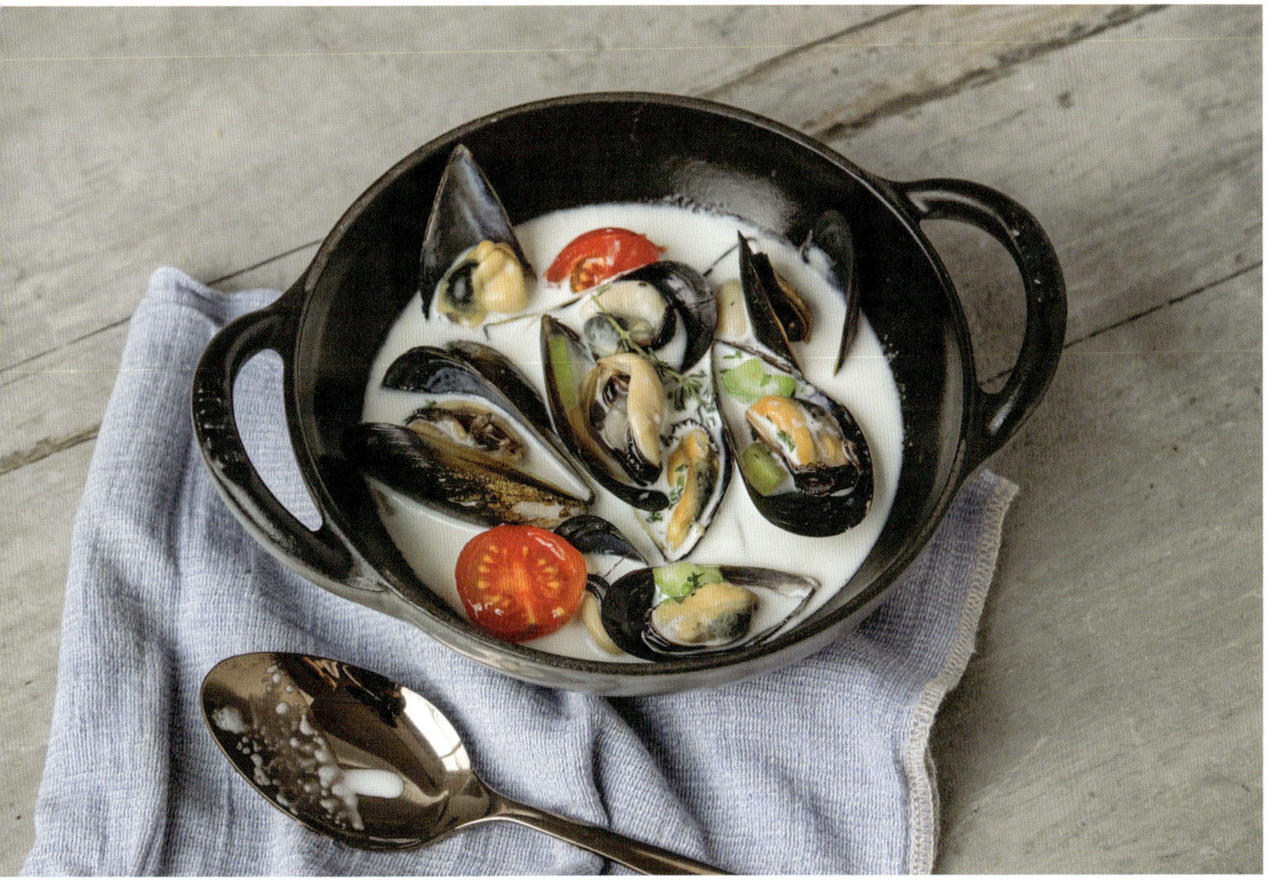

홍합짬뽕

겨울이면 2주일에 1번은 잊혀질세라 먹곤 하는 메뉴가 '홍합짬뽕'이다. 매콤하고 뜨끈하게 한 그릇 먹는 짬뽕은 한겨울의 추위도 잊을 만큼 훌륭한 맛이다. 쫄깃하고 살이 꽉 찬 조개와 화끈한 국물을 입 안이 얼얼해지도록 먹고 있노라면 세상 시름도 한결 덜어지는 느낌이다. 짬뽕이라 하면 외식할 때 나가서나 먹는 음식쯤으로 생각하겠지만, 사실 홍합으로 진하게 육수를 내어 만들면 나가서 먹는 것 못지않은 근사한 맛을 자랑하는데다 만들기도 어렵지 않다.

재료(4인분)
홍합 1kg
물 800㎖
대파 1/2대
양배추 120g
양파 1개
청양고추 2개
마늘 4톨
생강 1/2톨
고추기름 6큰술
고춧가루 2큰술
소금 2작은술
후추 1작은술
생면 4인분
청주 3큰술

만들기
1 홍합은 불순물을 떼어내고 잘 씻어서 물을 붓고 육수를 낸 후 홍합만 채반에 건져둔다.
2 대파, 양배추, 양파는 채썰고, 마늘과 생강은 다져 놓는다.
3 잘 달군 냄비에 고추기름을 두르고 대파, 마늘, 생강, 고춧가루를 넣고 중약불에서 타지 않게 조심해서 달달 볶는다.
4 3에 채썬 양파를 넣고 볶다가 양배추를 넣고 더 볶는다. 여기에 건져둔 홍합과 청주를 넣고 센불에서 휘리릭 볶은 후 미리 만들어 둔 홍합육수를 붓고 뚜껑을 열어놓은 채 팔팔 끓인다.
5 끓기 시작하면 불을 중약불로 줄이고 뚜껑을 덮어 5분간 더 끓이다가, 마지막에 청양고추를 넣고 소금과 후추로 간한 다음 2~3분 더 끓이면 완성이다.
6 미리 삶아놓은 칼국수 생면이나 소면, 우동면 등을 팔팔 끓는 짬뽕국물에 한번 담가 1~2분 같이 끓이다가 그릇에 담는다.

홍합과 담치

홍합(紅蛤)은 '붉은 조개'라는 뜻이다. 암컷은 주황색에 가까운 붉은 빛을 띠고, 수컷은 옅은 크림빛을 띠고 있다. 보통 우리가 흔히 먹는 크기가 작고 매끈한 홍합은 외래종인 <지중해 담치>이다. 그보다 훨씬 크고 울퉁불퉁한 이른바 <자연산 홍합>은 큰 것은 어른 손바닥만하고, 살이 크고 맛도 담백하고 진하다. 지중해 담치는 번식력이 강하여 바위든 나무든 닥치는 대로 자라다보니 상대적으로 홍합은 서식지 경합에서 밀려나 귀한 것이 되었다.

언젠가 모 종편방송에서 홍합과 담치를 비교하면서 담치는 폐타이어에 자라는 몹쓸 식재로 과장보도 하기도 했는데 우리가 시중에서 먹는 게 홍합이라기보다는 지중해 담치에 가깝지만 방송에서 보도된 것처럼 몹쓸 음식은 아니다. 한겨울 수산시장에 가면 '홍합철'이라 하여 망 속에 가득한 홍합에 붙은 이끼를 떼느라 분주한 상인들을 심심찮게 볼 수 있다. 그래서 흔히들 홍합철을 추운 겨울이라 생각하기 쉽지만 사실 홍합을 비롯한 조개에 살이 오르고 맛이 여무는 시기는 산란기 바로 직전의 봄이다. 산란을 앞두고 껍데기 속에 달고 감칠맛 나는 살을 꽉 채우게 된다. 홍합이 가장 맛있다는 4월이 되면 1kg에 고작 2천원 남짓 하는 홍합을 수산시장에서 몇 봉지 사다가 홍합찜도 해 먹고, 홍합탕도 해 먹고, 짬뽕에 칼국수까지 나의 손이 분주해진다. 개인적인 생각이지만 신기하게도 홍합은 붉은빛이 강한 암컷이 더 달고 맛있다. 껍질 때문에 워낙 부피가 커 보이지만 1kg이라고 해봤자 4인 가족이 배부르지 않게 적당히 먹을 수 있고, 살만 발라 냉동해두면 요리할 때 요긴하게 쓰이는데, 특히 육수를 낼 땐 달고 시원한 맛이 일품이다.

TABLE EPISODE
06

TOMATO

토 마 토

어린 시절 엄마가 내어주는 한 접시의 토마토는 내가 가장 싫어하는 것 중의 하나였다. 과일도 아니고 채소 같지도 않은데 물컹한 식감과 짭짤한 맛이, 까다롭고 편식이 심했던 내게 좋을 이유가 하나도 없었다. 설탕이 몸에 좋지 않다는 걸 잘 아시는 엄마가 어떻게든 먹여보려고 설탕을 솔솔 뿌려주면 그때는 상황이 달라진다. 적당히 동생을 구슬려 토마토는 먹이고, 떨어진 씨와 설탕이 버무려진 국물은 어김없이 내 차지였으니 말이다. 토마토에서 흘러나온 과육과 달달한 설탕이 적당히 어우러진 맛은 상상만 해도 군침이 돌았다. 그것이 어린 시절 내가 유일하게 토마토를 즐기는 방법이었다.

그러나 내가 토마토의 맛을 탐닉하게 된 것은 성인이 되어서였다. 그냥 얼음 몇 개 넣고 꿀, 바질, 식초 약간만 넣고 갈기만 해도 아침에 주욱 들이킬 수 있는 훌륭한 음료가 되고, 어떤 샐러드에 곁들여도 훌륭한 하모니가 되는데다. 진하게 푸욱 끓여 피자소스로 사용하거나, 집에 남아도는 몇 가지 재료를 넣고 파스타에 버무리면 근사한 한 끼 식사가 되어주는 토마토. 특히 뉴욕에서 처음 맛본 하얀 부팔라 치즈bufala cheese와 토마토, 발사믹 식초의 조합은 단숨에 나를 토마토 홀릭으로 만들어버렸다. 하얗게 찢어지는 부드러운 치즈는 입 안에서 살살 녹고, 토마토의 상큼함과 발사믹 식초의 산미와 어우러짐은 나도 모르게 '으음~~'하는 탄성이 새어 나오게 만든다.

박스 채 토마토를 왕창 사두었다가 나는 리얼 홈메이드 토마토소스를 만든다. 어떤 날은 소스에 다진 양파를 듬뿍 넣고, 바질 화분이라도 들이는 날에는 바질을 듬뿍 넣고, 질 좋

은 고기가 생기는 날에는 볼로네제 소스를 듬뿍 만들어 냉동해둔다. 이렇게 해놓으면 밥 하기 싫거나 바쁜 저녁에 뚝딱뚝딱 10분이면 멋진 식사가 완성되곤 한다. 나중에 알게 된 사실이지만 토마토에는 리코펜lycopene이라는 성분이 있어 몸에 매우 좋고, 익혀 먹으면 더 좋다 하니 맛있게 즐기면서 몸도 건강하게 가꿀 수 있는 토마토야말로 이 시대 최고의 식재가 아닐까 한다.

"토마토가 달다고?"

"난 가끔 비리던데"

"한 조각 입에 넣고
　　천천히 씹어봐."

TABLE RECIPE

여심을 훔치는

카프레제 샐러드
Caprese Salad

재료(2인분)
토마토 2개
생모짜렐라 치즈(부팔라 또는 부라타 치즈) 125g
바질잎 10장
후추 1꼬집 (선택)
바질페스토 2작은술 (선택)

발사믹 드레싱
발사믹 식초 3큰술
올리브오일 2큰술
꿀 1큰술
소금 1/4작은술
후추 1꼬집

만들기
1 토마토와 모짜렐라 치즈는 도톰하게 원형으로 자른다.
2 볼에 드레싱 재료를 넣고 한데 섞어 발사믹 드레싱을 만든다.
3 예쁜 접시에 토마토 — 모짜렐라 — 토마토 — 모짜렐라 순으로 올려놓은 다음 바질잎으로 장식한다.
4 발사믹 드레싱을 뿌리고, 기호에 따라 바질페스토를 흩뿌리거나 후추를 듬뿍 뿌려서 먹는다.

보들보들하고 하얀 치즈의 속살을 찢어 신선하고 잘 익은 토마토에 올리고, 심플한 발사믹 드레싱만 뿌려도 천국에 와 있는 것 같은 맛을 선사하는 카프레제 샐러드. 우리가 흔히 모짜렐라로 알고 있는 치즈는 피자에 올리는 잘게 잘려진 노랗고 단단한 우유로 만든 치즈이지만, 원래 모짜렐라의 유래는 물소젖으로 만든 부팔라 치즈에서 시작되었다.

부팔라 치즈는 보송보송하고 부드럽다. 그리고 입 안에 넣는 순간 퍼지는 그 부드럽고 크리미한 질감은 상큼하고 개운한 맛을 가진 토마토와 완벽한 조화를 이룬다. 여기에 숙성이 잘된 질 좋은 발사믹 식초와 올리브오일, 꿀을 넣은 새콤달콤한 드레싱은 이 둘의 조합을 최고 맛의 경지로 이끄는 오케스트라의 지휘자 같다. 신선함, 부드러움, 그리고 거기에 곁들여진 딱 알맞은 산미, 그리고 코끝을 스치는 바질향. 이것만으로도 카프레제는 여심을 훔칠만한 필요충분 조건을 완벽하게 갖춘 셈이다.

부팔라 치즈(Bufala Cheese)

발효시킨 밀가루 반죽처럼 하얗고, 아기 엉덩이처럼 보송보송한 모짜렐라 디 부팔라 캄파나(mozzarella di bufala campana)는 이탈리아 남서부 7개 현에서만 생산되는 물소젖 치즈이다. 수세기에 걸친 전통과 유니크한 기법으로 만들어지는 고급 치즈로 외피는 아주 얇고, 적당한 탄력성을 지니며, 입 안 가득 꽉 차는 부드러움과 말로는 표현할 수 없는 고소하고 섬세한 우유맛을 지닌다. 게다가 담백해서 다른 재료들, 특히 산미를 가진 재료들과 잘 어울린다. 우리가 '모짜렐라'라고 하는 치즈는 부팔라 치즈, 일반 젖소유로 만든 모짜렐라, 부라타 치즈 등으로 나눌 수 있다. 흔히 우리가 피자에 넣는 치즈는 젖소유로 만든 것이고, 부팔라 치즈는 'mozzarella di bufala campana'라고 표기되어 있다. 당연히 가격이 더 비싼데 그만큼 물소젖으로 만든 부팔라 치즈가 풍미가 좋고 질감도 훌륭하다. 나는 마르게리타 피자나 카프레제를 만들 때, 또는 라자냐를 만들 때도 젖소유로 만든 시판 모짜렐라를 사용하기보다는 부팔라 치즈를 사용하곤 하는데, 그 맛을 비교해본 사람이라면 부팔라 치즈의 매력을 쉽게 거부할 수 없을 정도로 맛과 풍미가 탁월하다.

부라타 치즈(Burrata Cheese)

부라타 치즈는 모짜렐라와 크림으로 만든 이탈리아의 치즈이다. 치즈 외피는 탄성이 약간 있어 쫄깃하며, 내부는 크림과 모짜렐라가 섞여 있는데 반을 갈라보면 크림이 주욱 흘러내린다. 내가 가장 좋아하는 치즈 중 하나가 부라타 치즈인데, 쫀득한 외피 안에는 초콜릿 트러플 만큼이나 부드럽고 크리미한 치즈가 가득 차 있다. 가끔 내부에 꽉 찬 이 크림이 맛있어서 마치 하겐다즈바를 먹을 때 초콜릿 코팅을 먼저 먹고 안의 바닐라 크림을 나중에 즐기는 것처럼, 외피를 먼저 먹고 크림을 나중에 즐기는 어린애 같은 행동을 하기도 한다. 특히 토마토를 곁들여 발사믹 식초와 트러플오일을 살짝 뿌려 먹으면 '암브로시아(Ambrosia)'라고 일컫는 신들의 음식이 아마도 이런 맛이 아닐까 싶을 정도로 그 맛이 훌륭하다. 부라타(Burrata)는 이탈리아어로 '버터를 바른'이란 뜻인데, 특유의 부드럽고 크리미한 질감 때문에 이런 이름을 가진 게 아닐까 싶다.

TABLE RECIPE

가필드가 좋아하는
토마토 볼로네제 라자냐
Tomato Bolognese Lasagna

재료(2~3인분)
다진 소고기 300g
소금 1/2큰술
통후추 1작은술
올리브오일 2큰술
토마토홀 2캔
바질(가루) 2작은술
파슬리(가루) 2작은술
세이지(가루) 1작은술
오레가노(가루) 2작은술
마조람(가루) 2작은술
마늘 8~9톨
라자냐 파스타 9장
리코타 치즈 2컵
모차렐라 치즈 400~500g
넛맥 1꼬집

어릴 적 푹 빠져 있던 만화 중에 고양이가 나오는 〈가필드〉라는 만화가 있었다. 이 녀석은 어찌나 라자냐에 집착하는지 그 당시 라자냐의 맛을 경험해보지 못한 나로서는 그 맛이 궁금할 따름이었다. 아마도 라자냐의 첫 경험은 중고등학교 시절 유행했던 패밀리 레스토랑에서였던 걸로 기억한다. 면은 좀 불었고, 안의 소스는 떡이 져서 그다지 감흥이 없었던 라자냐를 다시 만난 건 유학생활을 오래한 친구 지영이의 집에서였다. 유일하게 잘하는 게 라자냐라고 수줍게 말하던 그녀가 만들어준 라자냐에는 고기와 토마토소스가 듬뿍 들어 있었는데, 오븐에서 진득하게 조리된 그 토마토소스의 맛이 예술이었다. 이렇게 맛있는 토마토소스는 어디서 살 수 있냐는 나의 말에 호탕하게 웃으며, 실력이 없어도 집에서 신선한 재료로 만들면 웬만한 맛은 나온다고

대답하던 그녀는 토마토홀 통조림에 오레가노, 바질, 후추, 타임 등의 향신료를 듬뿍 넣고 오랜 시간 푹 끓인다고 했다.

그때 그 라자냐에 베샤멜 소스를 발랐는지 리코타 치즈를 넣었는지 전혀 기억은 없지만, 내가 즐겨 먹는 라자냐를 만들 때는 토마토소스도 직접 만들고 리코타 치즈도 직접 만들어 듬뿍 넣는다. 물론 신선한 고기를 사와 듬뿍 넣는 것도 잊지 않는다. 이렇게 만든 라자냐는 정말 맛이 없을 수가 없다. 특히 많은 사람들이 집에 모이는 크리스마스 시즌이나 생일에 라자냐를 듬뿍 만들어두면 모두가 행복하게 먹을 수 있는 훌륭한 한 끼가 된다.

1 냄비를 달궈 올리브오일을 두르고 편마늘을 볶아 향을 낸 다음, 소고기를 넣고 소금, 통후추 굵게 간 것, 넛맥을 살짝 뿌려 볶는다.
2 고기가 갈색으로 익으면 토마토홀 2캔을 넣고 바질, 파슬리, 세이지, 오레가노, 마조람, 소금을 한데 넣어 20분 이상 중약불에 끓인다. 마른 허브를 구할 수 없으면 있는 것만 넣거나 이탈리안 시즈닝을 넣어도 좋다.
3 오븐용기 맨 밑바닥에 토마토소스를 깔고 그 위에 라자냐 파스타를 올린다. 라자냐는 전혀 삶을 필요없는데 왜냐하면 토마토소스의 수분으로 오븐에서 충분히 잘 익기 때문이다. 리코타 치즈 — 라자냐 — 토마토소스 — 라자냐 — 리코타 치즈 순으로 얹는다. 그리고 맨 위에 모짜렐라를 듬뿍 얹는다.
4 180°C로 예열한 오븐에 쿠킹호일을 덮어 35~40분 굽고, 다시 호일을 벗겨 15분 굽는다.

리코타 치즈 만들기

청계천에 1호점을 둔 귀여운 카페의 리코타 치즈 샐러드가 전국 블로거들의 포스팅에 하루가 멀다 하고 등장하던 시기가 있었다. 집집마다 각기 다른 레시피를 가진 리코타 치즈는 고소한 우유의 진한 풍미를 지니는데 샐러드, 크로스티니, 라자냐, 치즈케이크 등 여러 레시피에 쓰일 수 있어 늘 집에 떨어지지 않게 만들어두곤 한다.

재료
우유 1ℓ
생크림 500㎖
레몬즙 2개 분량
천일염(또는 코셔 솔트)
1/2 ~ 2큰술

만들기
1 먼저 냄비에 크림과 우유를 붓고 데운다. 절대 끓이지 않고 서서히 데운다.
2 우유의 온도가 높아져 보글보글 막이 생기면 그때가 바로 레몬즙을 넣는 시점이다.
3 휘휘 손목의 힘을 최대한 빼고 살짝 섞는 정도로만 저은 다음, 아주 약하게 약약불로 줄여 그대로 40분 ~ 1시간 끓이다가 두부처럼 몽글몽글해지면 천일염을 넣고 섞일 정도로만 조심스럽게 젓고 불을 끈다.
4 볼 ― 건짐망 ― 면보를 깔고 끓인 것을 조심스레 붓는다.
5 면보를 덮고 그 위에 무거운 것으로 꾹 눌러준 다음, 서늘한 곳에 하룻밤 놔두면 두부처럼 몽글몽글하고 크리미한 리코타 치즈가 만들어진다.

코셔 솔트(Kosher Salt)

유대인들은 아주 오랜 역사 속에서 자신들만의 교육관과 세계관을 정립해왔다. 코셔는 그들의 율법에 따라서 까다로운 심사를 거쳐 공인한 식품인증을 말하며, 코셔 인증을 받기 위해서는 식자재부터 생산시설, 조리과정 등이 엄격한 기준을 통과해야만 한다.

코셔 소금은 가장 깨끗하고 순결한 유대인의 소금으로, 결정이 굵고 잘 녹지 않으며 짭조름한 감칠맛이 난다. 일반 소금은 결정이 작아서 뿌릴 때 뭉치거나 골고루 뿌려지기 힘든 반면에 코셔 소금은 고르게 뿌려지고 양 조절이 쉽고, 향이 깔끔하여 다른 식재료의 맛을 해치지 않아 해외 셰프들이 선호하는 소금이다. 염전에서 나오는 소금과는 달리 광산에서 채취하는데, 첨가물이 들어있지 않아 식재료 본연의 맛을 살릴 수 있지만 염도가 일반 소금보다 낮아 더 많은 양을 사용해야 한다. 리코타 치즈를 만들 때 코셔 소금을 쓰는 이유는 다른 복잡한 맛이 없어 소금 본연의 맛이 깔끔하고 선명하기 때문이다. 한 가지 더, 전 세계인의 사랑을 받는 프랑스 천일염 <게랑드> 소금보다 한국의 천일염이 우수하다는 기사가 연일 신문을 장식하던 때가 있었다. 물론 갯벌 흙바닥을 다져 평평하게 만든 후 거기에 햇볕을 쬐어 소금을 생산하는 이른바 <토판염>의 우수성은 말할 나위 없지만, 대부분은 많은 양을 생산하기 위해 까만 PVC장판 위에서 소금을 채취한다. 장판의 불순물과 좋지 않은 화학성분도 이때 소금에 같이 흡수됨은 두말할 필요가 없다. 그래서 소금을 고를 때는 장판염보다 <토판염>을, 또는 바닷물을 직접 끓여 불순물을 정제하고 섬세하게 온도조절을 하여 순수한 소금 결정을 얻어낸 <자염>을 선택하는 것이 좋다.

신선한 토마토소스 만들기

오랫동안 후숙이 이루어져 빨갛고 꽉 찬 말랑말랑한 토마토로 소스를 만들어도 맛있지만, 나는 여기에 산 마르자노(San marzano) 토마토홀이나 시판하는 토마토홀을 듬뿍 넣고 오레가노, 마조람, 세이지, 바질, 파슬리를 넣어 오랜 시간 뭉근히 끓인다. 생바질을 듬뿍 넣어도 좋고, 다진 양파나 마늘을 넣고 볶다가 토마토를 넣어 뭉근히 오래 끓여주면, 신선하고 새콤하고 깊이 있는 홈메이드 소스의 놀라운 매력에 빠지게 될 것이다. 무엇보다도 시판하는 소스의 조미료가 선사하는 복잡한 맛과는 달리 덤덤하고 심심한 것 같지만 맛을 보면 볼수록 순수한 맛, 자극적이지 않지만 깊이가 있는 맛이라 금세 중독 되고 만다. 또한, 내가 토마토 베이스로 만드는 요리에 약방의 감초처럼 넣는 것이 투스카니 스타일의 이탈리안 시즈닝인데, 이는 말린 타임, 바질, 오레가노, 로즈마리, 세이지, 마조람 등을 마늘과 양파분말과 함께 혼합한 것이다. 맥코믹(Mc Cormick) 사의 제품은 대형마트 등에서 쉽게 살 수 있는데, 토마토소스뿐만이 아니라 치킨, 스테이크, 파스타 등에 두루두루 잘 어울리니 하나쯤 사다 놓으면 좋을 것 같다.

TABLE RECIPE

얼얼하고 맵게 즐기는
아마트리치아나 파스타
Amatriciana Pasta

재료(2인분)
펜네 200g
소금 2큰술
올리브오일 1 ~ 2큰술
마늘 3 ~ 4톨
페퍼론치노 6 ~ 7개
두툼한 베이컨 3줄
토마토 1/4개
토마토소스 2컵
페코리노 치즈(또는 파르마산 치즈) 1/2컵
다진 파슬리 1작은술

토마토소스에 매콤한 페퍼론치노를 넣어 얼얼하고 맵게 즐기는 아마트리치아나 파스타는 신선함과 매운맛이 그야말로 훌륭한 하모니를 이룬다. 파스타가 생소하거나 별로 입맛에 맞지 않는다고 생각하는 한국인도 이 파스타 앞에선 이야기가 달라진다. 특히 한여름날, 땀을 흘려가며 이열치열로 먹으면 더위에 지친 심신이 회복되는 듯한 느낌마저 들어 종종 만들어 먹곤 한다.

원래 전통적인 아마트리치아나 파스타는 이탈리아에서 유래한 가장 오래된 치즈 중 하나인, 쿰쿰하고 풍미가 깊은 '페코리노 로마노 치즈 Pecorino Romano Cheese'를 듬뿍 갈아서 넣지만, 구하기 쉽지 않다면 파르마산 치즈를 넣어도 좋다. 이탈리아 사람들은 아마트리치아나를 만들 때 돼지볼살로 만든 베이컨을 넣는데 깔끔한 맛을 원하면 베이컨을 넣지 않아도 되지만, 나는 신선하고 매콤한 맛의 소스와 두툼한 돼지고기가 입 안에서 씹히는 감칠맛, 그리고 쿰쿰하고 짭짤한 치즈가 이루어내는 변주를 너무나도 좋아해서 베이컨은 꼭 넣는 편이다.

1 냄비에 물을 넉넉히 붓고 소금을 넣어 펜네를 삶는다.
2 달궈진 팬에 올리브오일을 두르고 편썰기한 마늘과 작게 자른 페퍼론치노를 볶아 향이 나면 1㎝ 정도 폭으로 자른 베이컨을 넣고 센불에 볶는다.
3 베이컨이 골고루 익으면 토마토소스를 붓고 반으로 자른 토마토를 넣어 끓인다.
4 펜네를 소스에 넣고 살짝 끓인다. 이때 면수를 조금 넣어 농도를 맞춘다.
5 마지막에 치즈를 듬뿍 갈아 넣고 접시에 담은 다음, 잘게 다진 파슬리를 올려 마무리한다.

페코리노 로마노 치즈(Pecorino Romano Cheese)

페코리노 로마노 치즈는 언뜻 보기에 대중적으로 잘 알려진 파르미지아노 레지아노 치즈(parmigiano reggiano cheese)와 모양이 비슷하고 미각이 예민한 사람이 아니라면 맛도 비슷하게 느낄지도 모른다. 하지만 페코리노 치즈는 소젖으로 만드는 파르미지아노 레지아노와는 달리 양젖으로 만들며, 짠맛이 강하고 특유의 쿰쿰한 향이 특징이다. 이탈리아에서 현재 전해져 내려오는 치즈 중에서는 가장 오래된 치즈로 조미료로 사용해도 좋을 정도로 감칠맛이 풍부하고, 은은하게 풍기는 견과류의 향이 아찔하다. 파스타 소스와 섞이면 소스의 풍미와 맛을 한층 업그레이드시키는데, 이탈리아 사람들이 좋아하는 까르보나라에도 이 페코리노 치즈를 넣어 만든다.

신기한 것은 본토의 까르보나라는 달걀, 베이컨, 달걀노른자만으로 만드는데, 아페니니 산맥에서 석탄을 캐던 광부들이 오랫동안 보존할 수 있도록 소금에 절인 고기와 달걀만으로 만들어 먹기 시작한 것이 까르보나라의 시초라고 한다. 까르보나라(carbonara)의 carbone이 '석탄'이란 의미란 것도 꽤 흥미 있는 사실이다. 광부들의 옷에 묻어 있던 석탄이 음식에 떨어진 것에 착안해서 굵은 후추를 뿌려 먹게 되었다는 이야기도 무척이나 재미있다.

사실, 식재료를 살 때 가장 탐탁하지 않은 것 중의 하나가 베이컨이다. 내가 기대하는 베이컨은 삼겹살을 두툼하게 저며서 짠맛, 감칠맛을 골고루 지닌 튀길수록 지방 부위가 쫀득하고 겉면은 바삭한 그런 종류인데, 한국에서 판매하는 베이컨은 캐나다에 사는 지인이 "이게 무슨 베이컨이니? 이건 그냥 햄이지."라고 말할 정도로 얇고 짠맛만 나서 베이컨 특유의 풍미는 전혀 기대하기 어렵다. 거의 두께가 삼겹살 정도 되는 베이컨들이 속속 시판되기도 했지만 이 역시 베이컨의 풍미와 맛과는 사뭇 다르다. 그러나 코스트코 같은 대형할인마트나 홈플러스 같은 마켓체인에도 이제는 쉽게 오스카 메이어(Oscar Mayer) 회사의 정말 베이컨다운 제품을 구할 수 있게 되었고, 저염제품이나 메이플 베이컨 같은 다양한 셀렉션도 구비되어 있으니 한번 사용해 보는 것도 좋을 것 같다.

베이컨은 팬이 적당히 뜨거워지면 앞뒤로 은근히 구운 다음, 키친타월로 여분의 기름을 제거하면 맛있게 즐길 수 있다. 특히 스튜나 파스타 요리에서 베이컨 기름에 채소를 볶으면 맛과 풍미가 깊어진다. 에그 베네딕트나 샌드위치에 넣을 때는 베이컨 겉면을 과자처럼 바삭하게 구우면 베이컨의 진미를 풍부히 느낄 수 있다.

TABLE RECIPE

애피타이저로 좋은

토마토 마리네이드
Tomato Marinade

재료(1인분)
방울토마토 10개
발사믹 식초 3큰술
꿀 2큰술
올리브오일 1큰술
소금 1꼬집
후추 1꼬집
바질잎(작은 것) 8~9장

이 복잡한 이름의 애피타이저를 처음 만난 것은 가로수길의 프렌치 퀴진 〈류니끄 Ryunique〉에서였다. 류태환 셰프의 식사코스 중에서 가장 먼저 서브되었던 이 토마토 전채의 임팩트가 너무 강해서, 그날의 식사가 매우 만족스럽고 모두 맛있었음에도 불구하고 나중에 가장 기억에 남는 것은 이 '토마토 마리네이드' 뿐이었다.

방울토마토는 살짝 데쳐서 껍질을 벗겨 차게 두고, 발사믹 식초와 시트러스향의 드레싱에 가볍게 버무린 토마토는 입에서 오물오물하는 동안 탄성을 자아냈다. 그 맛을 잊지 못해 집에 오자마자 재현해본 토마토 마리네이드. 매우 신선하고 깔끔한 맛이어서 손님이 오면 가장 많이 애피타이저로 '간택(?)' 당하곤 한다.

1 방울토마토는 +자로 칼집을 내서 끓는 물에 살짝 데친 다음 껍질을 벗기고 냉장고에 차게 둔다.
2 볼에 발사믹 식초, 꿀, 올리브오일, 소금, 후추를 넣고 잘 섞어 드레싱을 만든다.
3 차가워진 토마토를 드레싱으로 골고루 버무린다.
4 먹기 직전에 차갑게 한 접시에 담고 바질잎을 뜯어서 얹거나 잘게 다져서 뿌린다.

TABLE RECIPE

누구라도 반하게 만드는
파르미지아나 디 멜란자네
Parmigiana Di Melanzane

재료(2~3인분)

가지 1.5개
다진 소고기 200g
소금 2작은술
후추 1작은술
넛맥 1꼬집
레드와인 1/4컵
토마토소스 300g
올리브오일 2 ~ 3큰술
모짜렐라 치즈 300 ~ 400g
파마산 치즈 1컵

어린 시절 엄마가 찜통에 찐 가지를 죽죽 찢어서 참기름, 집간장, 깨소금, 파, 마늘을 넣고 조물조물 무쳐주시면 밥 한 그릇은 뚝딱 비웠었다. 내가 멜란자네를 경험하기 전까지 가지는 꼭 그렇게 쪄서 먹어야 하는 채소라 생각했었다. 그러던 어느 날 '어향가지'라는 중국식 가지튀김을 먹었던 나는 기름을 한껏 먹은 그 매력적인 가지와 어우러진 소스에 적잖은 충격을 받았고, 한적한 이탈리안 레스토랑에서 먹었던 '파르미지아나 디 멜란자네'의 그 감동스런 맛에 소스라치게 놀랐다. 가지는 쪄서 먹는 게 정답이 아니라 기름을 충분히 두르고 튀기거나 구워 먹는 게 훨씬 맛있다는 걸 그때 깨달았다. 어깨를 흠칫 떨게 하는 맛이랄까? 기름을 넉넉히 두르고 구워낸 가지는 적당히 기름을 먹어 고소하고 부드러우며, 곁들여진 토마토소스는 오븐에서 한번 조리되어 그 맛이 더 진득하고 깊은데다가, 흠뻑 뿌려진 짭짤한 파르미지아노 치즈와 함께 깊은 풍미와 조화를 이룬다.

여름이면 한껏 가지와 토마토를 사다가 이틀이 멀다하고 자주 만들어 먹게 되는 파르미지아나 디 멜란자네. 라자냐의 겹겹이 쌓인 파스타처럼 층층이 쌓인 부드럽고 부담 없는 가지와 진하고 맛있게 졸여진 토마토소스, 입 안 가득 씹히는 고기의 삼박자가 누구라도 반하게 만드는 마성의 메뉴가 아닐 수 없다.

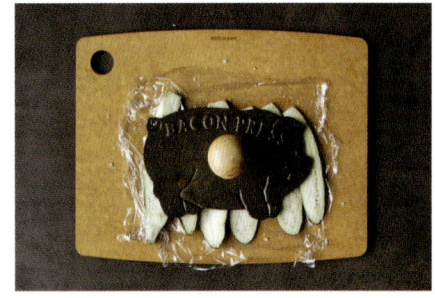 

1 가지는 잘 씻어서 6mm 두께로 길게 잘라 자른 면에 소금을 뿌린 다음, 무거운 것으로 1시간 정도 눌러 수분을 뺀다.

2 달군 냄비에 올리브오일을 두르고 소고기를 넣어 소금, 후추, 넛맥을 뿌려서 볶다가 어느 정도 볶아지면 레드와인을 붓고 센불로 알코올을 날린 다음, 토마토소스를 부어 뭉근히 끓인다.

3 수분이 빠진 가지는 물에 씻어 소금기를 제거하고 마른행주나 키친타월로 수분을 잘 닦은 다음, 달군 팬에 올리브오일을 두르고 노릇노릇하게 굽는다.

4 오븐용기에 <구운 가지 ― 토마토소스 ― 구운 가지 ― 파마산 치즈 ― 8mm 두께로 자른 모짜렐라> 순서로 얹는다. 이 과정을 한 번 더 반복하고 마지막에 토마토소스를 바르고 모짜렐라를 얹어 180°C 오븐에서 20~30분 굽는다.

나만의 가지 요리

한여름 가지철이 되면 시장에 여기저기 널린 가지를 한바구니 사와 하루가 멀다 하고 요리해 먹을 정도로 가지를 좋아한다. 사실 제철음식이란 게 별개 아니라 어떤 재료든 가장 맛이 꽉 차는 제철에 요리해야 가장 맛있게 즐길 수 있기 때문에, 제철에 나는 재료로 음식을 만들어 먹어야 한다는 것이다. 가지는 지용성 채소라 튀기면 기름을 쫙 흡수하여 더 맛있게 즐길 수 있는데, 가지를 손가락 굵기로 길쭉길쭉하게 잘라 소금, 후추를 뿌려서 잠시 두었다가 물기를 빼고 녹말가루를 묻혀 튀겨낸다. 가쓰오부시 다시에 쯔유(또는 간장, 청주, 설탕)를 넣어 끓이다가 녹말물을 부어 걸쭉하게 한 다음 여기에 튀긴 가지를 넣으면 맛있는 일식메뉴인 '아게다시도후(あげだしどふ, 연두부튀김)'와 비슷한 느낌이지만 전혀 다른 식감과 맛을 지닌 가지의 매력에 푹 빠지게 된다.

다진 돼지앞다리살을 듬뿍 사다가 소금, 후추, 청주에 재웠다가 달군 팬에 고추기름을 두르고 볶은 다음, 손가락 굵기로 자른 가지를 넣고 쯔유와 굴소스를 조금 넣어 볶으면 마치 중국음식점에서나 먹을 법한 맛있는 가지요리가 완성된다. 하얀 밥 위에 올려 먹어도 맛있지만, 갓 쪄낸 포슬포슬한 꽃빵과 함께 먹어도 무척이나 근사하게 잘 어울린다.

TABLE RECIPE

후추의 아린 맛이 잘 어울리는
페퍼 토마토잼
Pepper Tomato Jam

재료
토마토 500g
설탕 250g
레몬즙 1개 분량
레몬필 1개 분량
후추 1/2큰술

언젠가 토마토를 몇 박스나 선물 받은 적이 있었다. 먹고 먹어도 결코 줄지 않는 토마토를 열심히 갈아도 마시고, 샐러드도 해 먹고, 소스도 만들어두었지만 역부족이었다. 늘 제철의 신선한 과일을 사서 맛있는 잼을 만들어 주변 사람들과 나누어 먹는 취미가 있었던 나는, 이 토마토로 잼을 만들면 어떨까 하는 생각이 들었다. 사실 토마토로 잼을 만들다니 흔하지도 않지만 별로 어울리지도 않을 것 같은데다가 중요한 건 맛도 없을 것 같다는 거였다. 하지만 가만히 생각해보면 설탕이나 꿀에 토마토를 재워 먹는 것이 꽤나 잘 어울리는 조합인지라 못할 것도 없다 싶었다.

기대 반 호기심 반으로 만들어본 토마토잼 실험은 그야말로 '대성공'이었다! 말랑말랑한 토마토 과육은 젤리처럼 쫀쫀하고, 중간중간 씹히는 레몬필의 상큼한 맛과 톡톡 씹히는 후추의 아린 맛이 그렇게나 잘 어울릴 수가 없었다. 내가 만든 수많은 잼들 중에서 가장 좋아하는 잼 세 가지를 고르라면 꼭 빠지지 않고 등장하는 잼이 바로 이 '페퍼 토마토잼'이다. 후추와 레몬필을 듬뿍 넣어 상큼하고 개운한 맛도 토마토잼에서만 느낄 수 있는 매력이다.

1 토마토는 잘게 다져서 설탕을 넣고 잘 뒤적거려 준비해둔다. 이때 레몬즙, 레몬필, 굵게 간 통후추를 함께 넣는다.
2 강불에 올려 끓기 시작하면 불을 끄고 거품을 걷어낸다. 완전히 식힌 다음 유산지를 덮어 냉장고에 하루 정도 그대로 둔다.
3 하루가 지나면 액체와 과육을 분리한 다음, 액체만 강불에 끓인다.
4 양이 줄어들고 점성이 생기면 과육을 함께 넣어 끓이다가 마지막에 후추를 넣고 졸인다. 잼의 농도가 스푼에서 주르륵 흐를 정도면 완성.
5 깨끗이 소독한 용기에 담고 뚜껑을 닫은 다음 병을 뒤집어놓는다. 그래야 진공상태가 되어 오래 보존할 수 있다.

토마토잼을 이용한 간단 레시피

일주일에 이틀은 아침을 빵으로 해결해야 할 정도로 빵을 좋아하는 바쁜 직장맘인 내가 즐겨 만드는 아침메뉴 중 하나가 샌드위치이다. 나는 담백하고 고소한 맛이 풍부한 바게트나 깜빠뉴, 베이글을 좋아하지만 아이들은 역시 보드라운 모닝빵이나 버터 풍미가 가득한 크루아상, 달걀에 치즈가 녹아든 잉글리시 머핀을 좋아하는 편이라 미니 크루아상을 항상 떨어지지 않게 사놓는다.

내가 BLT(베이컨, 토마토, 양상추가 들어간 샌드위치) 샌드위치를 좋아하는 바람에 양상추와 토마토를 넣은 샌드위치를 종종 만들곤 하는데 이럴 때마다 아이들은 토마토와 양상추를 빼고 먹기에 바쁘다. 특히 작은 녀석은 샌드위치를 벌려 토마토가 떨어지는 '척'하는 연기까지 하면서 토마토 먹는 위기를 모면하기도 하는데…… 이런 녀석들에게 토마토를 좀 더 먹일 수 없을까 하고 고민해서 낸 나만의 아이디어가 바로 토마토잼을 바른 크루아상이다.

크루아상을 반으로 갈라 토마토잼을 듬뿍 바르고, 여기에 잘 구운 베이컨과 스크램블 에그, 치즈를 넣어 샌드위치를 만든다. 단백질이 풍부한 달걀이 들어가 아침 한 끼로도 영양가가 꽤 높은 메뉴이다. 흔히 샌드위치에는 '달콤한' 과일을 잘 넣지 않지만 나는 여러 가지 과일을 넣어 색다른 맛으로 샌드위치를 즐긴다. 특히 자신이 좋아하는 샌드위치 조합에 제철과일을 넣으면 그 조화가 신선한데, 한여름의 천도복숭아, 계절마다 맛이 다른 새콤한 사과, 심지어 체리까지 얇게 슬라이스해서 샌드위치에 넣으면 이제껏 맛보지 못한 신선하면서도 독특하고 미묘한 조합에 입가에 미소가 절로 지어진다.

TABLE RECIPE

그칠 줄 모르는 나의 사랑

해독 주스
Cleanse Detox Juice

재료(6컵 / 2일 분량)
방울토마토 500g
브로콜리 1/2개
당근 1개
적채 1/4개
사과 3개
바나나 3개

5년 전 생애 첫 다이어트를 시도한 적이 있었다. 단백질만 섭취하고 탄수화물을 과도하게 제한하는 이른바〈덴마크 다이어트〉를 2주간 시도했었다. 나 같은 의지박약자가 과연 해낼 수 있을까 싶었는데, 여러 가지 유혹도 물리치고 흐트러짐 없이 2주간의 다이어트를 성공적으로 끝낸 후 보식기간 동안 무엇을 먹으면 좋을까 싶을 때, 우연히 해독 주스라는 것을 알게 되었다. 해독 주스니 디톡스니 주스 열풍으로 지금은 해독 주스를 모르는 사람이 없지만 그 당시만 해도 아는 사람이 별로 없을 때였다. 원래 채소는 그냥 먹는 것보다 익혔을 때가 흡수율이 가장 높아 채소를 익혀서 믹서에 과일과 함께 넣고 갈아 먹으면 기대 이상의 효과를 볼 수 있다고 한다. 아침 저녁 공복에 마시면 몸속 노폐물도 빼주고 다이어트에도 도움이 된다고 하니 맛이 없을 것 같아도 만들지 않을 이유가 없었다.

미국의 경우, 암환자에게 하루 15잔 이상 마실 것을 권고한다는 '슈퍼 헬스 주스'라던 해독 주스는 기대 이상으로 맛있었고, 그 이후 나는 해독 주스 마니아가 되어 외식이 잦거나 과식한 날 또는 식사가 불규칙하고 속이 더부룩한 날은 꼭 해독 주스를 넉넉히 만들어서 냉장고에 준비해두었다가 식사대신 먹곤 한다. 결혼 후 아이를 낳고 나서 살이 많이 찌기는 했지만 아직까지는 그런대로 보기에 나쁘지 않은 것도 어쩌면 나의 그칠 줄 모르는 해독 주스와 디톡스 주스에 대한 사랑 때문인지도 모르겠다.

1 사과와 바나나를 제외한 모든 재료를 냄비에 넣고 재료가 잠기게 물을 자작하게 부어 10 ~ 15분 끓인 후 불을 끄고 한 김 식힌다.
2 믹서에 사과, 바나나 그리고 삶은 채소, 삶은 채수 또는 요구르트를 함께 넣고 갈아서 마신다. 남은 주스는 냉장고에 보관한다.

내가 체험한 '주스 디톡스'

레몬즙에 케이엔페퍼, 메이플시럽을 섞은 물을 하루 종일 3일간 마시면 몸속 독소가 빠져나간다는 이른바 〈디톡스detox〉가 다이어트 코드와 맞물리면서 한동안 인터넷 검색창에는 디톡스, 디톡스 주스, 디톡스 다이어트 등이 연일 상위에 링크되는 것을 시작으로, 2014년에는 그야말로 여기저기 주스바가 생겨날 정도로 사람들의 디톡스, 엄밀히 말하면 '건강'에 대한 관심이 늘어났다. 스트레스와 바쁘게 돌아가는 일상을 숙명처럼 받아들이는 현대인들에게 가장 관심 있는 두 가지 단어를 꼽으라면 아무래도 '힐링'과 '건강'이 아닐까? 나도 예외는 아니었다. 두 아이의 엄마이자 남편에게는 현명한 아내로, 밖에서는 프로페셔널한 스타일리스트로, 집안일과 회사일 어느 하나 치우치지 않고 열심히 하다 보니 흰 머리가 하나 둘 늘어갔고, 만성 소화불량과 극심한 편두통, 수면장애 등은 건강한 삶의 리듬을 깨는 위협들로 다가왔다. 지난 겨울 2주가 멀다하고 이유 없이 혹독하게 아프고 난 후 호기심에 시작한 클렌즈 주스는 이제껏 식생활에서 경험한 가장 신선한 혁명이었다.

매우 추웠던 겨울의 어느 날, 휴롬을 이용하여 집에 있는 과일과 채소로 즙을 내기 시작했고, 꽤 많은 양을 착즙해서 아침 점심을 마셔보니 몸이 가볍고 해볼만 하다는 생각이 들었던 나는 아이들을 데리고 대림미술관에 들른 김에 아예 저녁도 주스로 해결할까 싶어 그 근처의 주스바를 찾았다. 광화문 근처에 〈콜린스 그린〉이라는 주스집을 찾았는데, 운이 좋았는지 어떤 주스를 마실지 고민하는 내게 친절히 주스의 영역을 설명해주는 분이 나중에 알고 보니 콜린스 그린의 대표님이었다. 눈이 반짝거린다는 착각이 들 정도로 어떤 주스가 좋은지, 어떤 배합으로 만들어야 하는지, 과일과 채소는 왜 꼭 좋은 것을 써야 하는지를 조곤조곤 설명하는 대표님의 모습이 열정이 가득했고, 신념이 있어 보여 이쯤이면 이 주스를 한 번 마셔봐도 괜찮겠다는 생각에 주스를 집어 들었다. 다음 날, 늘 찌뿌둥했던 몸은 신선한 활력과 에너지로 가득차고 그 어느 때보다 생기 있어 보이는 피부 때문에 나는 우연히 경험한 클렌즈 주스에 대해 호기심이 더욱 증폭되었다.

"You are what you eat."이라는 말이 있다. 우리는 태어나면서 지금까지 우리를 현혹하는 온갖 맛있는 것들의 노예로 충실히 살아왔지만, 우리가 무얼 먹고 살아왔는지에 대해서는 큰 관심을 두지 않는다. 기름진 고기, 여흥을 즐기기에 좋은 술, 여자들이라면 마다않는 튀김과 떡볶이, 그리고 각종 디저트. 보이는 것, 맛있는 것에만 현혹된 우리의 욕망은 우리의 장기들이 '노폐물 배출'이라는 숭고한 본연의 작업을 충실히 할 수 없게 만들어버렸다. 소화불량, 변비, 칙칙한 피부, 늘 찌뿌둥한 컨디션은 어쩌면 우리의 이런 먹는 패턴에서 원인을 찾을 수 있을지도 모른다.

3일 동안 작정하고 하루 5병의 주스를 마셨고 결과는 놀라웠다. 이틀째엔 몸에 두드러기 같은 것들이 올라왔는데, 이를 '명현현상'이라고 했다. 음식을 섭취하지 않으니 장기가 쉴 수 있어 배는 살짝 고프고 기운은 없지만 훨씬 가볍고 편안한 느낌이었으며, 한껏 예민해진 몸은 반복되고 익숙한 감각도 더 명민하고 또렷하게 받아들이도록 해주었다. 그 즈음해서 "피부가 좋아졌다", "얼굴이 밝아졌다"는 말을 많이 들었는데, 아마도 몸에 있는 유해한 독소가 배출되고 난 후의 자연적인 부산물이었으리라. 사실 이틀째엔 계속 졸리고 몸이 많이 힘들기도 했지만, 사흘간 먹는 프로그램을 나 같은 의지박약자도 해낸 것을 보면 아주 무리한 도전은 아니겠다 싶어 주변에도 많이 알렸는데, 그때 클렌즈의 매력에 빠져 주스를 마시는 주변 사람들이 많아졌다. 지금도 가끔 몸을 너무 혹사한다는 느낌이 들 때 단기간 클렌즈를 시도하기도 하는데, 이 클렌즈의 효과는 참으로 놀라워 나는 1주일에 3일 하루 한 끼는 500㎖의 주스로 대신한다.

예전에는 아침에 일어나 창문도 열지 않은 채 모카포트부터 올려 부엌 가득 퍼지는 커피향이 너무나도 좋아 평생 아침을 커피와 함께 시작하리라 마음먹었던 사람인데, 지금은 아침에 마시는 이 한 잔의 주스가 내 몸속 모든 감각을 싱그럽게 깨운다. 평생 빼빼 마른 몸으로 살았고 살이 안찌는 체질이라 생각했던 나도, 둘째를 낳고는 8kg이 늘었는데, 이렇게 생활패턴을 바꾸고 나서는 첫째를 낳았을 때의 몸무게로 돌아왔고, 체중감량을 떠나 몸이 한결 가볍고 건강해지는 느낌이 들어 주변 사람들에게도 주스를 권하는 '주스 전도사'가 되었다.

© Colin's Green

TABLE EPISODE
07

CHOCOLATE

초 콜 릿

초콜릿만큼 우리를 설레게 하고 기분 좋게 만드는 단어가 있을까? 지치고 우울한 날 혀 끝에서 감미롭게 녹아내리는 초콜릿 한 조각, 추운 겨울 놀이동산에서 발을 동동거리면서 놀이기구를 타다가 따뜻한 어딘가로 뛰어 들어가 마시는 달달하고 따끈한 핫초콜릿, 배불리 밥 먹고도 쇼윈도에서 우리를 유혹하는 그 진한 브라운빛 초콜릿케이크 한 조각을 사들고 커피와 함께 먹을 때 느껴지는 그 짜릿한 감동. 그래서일까? 기분이 울적한 날, 나는 초콜릿을 잔뜩 꺼내놓고 베이킹을 하는 일이 많아졌다. 그렇게 내 레시피 노트에는 유독 초콜릿으로 만든 케이크나 쿠키 레시피가 가득 쌓여갔고, 달콤한 향기와 부드러운 맛에 우울한 마음도 말랑해지곤 했다.

스트레스를 숙명처럼 여기는 우리네 삶에 달콤한 즐거움을 선사하는 초콜릿에는 실제로 '페닐에틸아민'이라는 화학물질이 들어 있어, 마치 우리가 사랑에 빠졌을 때의 느낌처럼 맥박을 뛰게 하고 기분을 좋게 하는 신경전달 물질인 '세르토닌' 분비를 촉진시켜 행복한 기분에 젖게 한다고 한다. 존재 자체로 우리를 행복하게 하는 달콤한 초콜릿!

레시피북을 뒤적여 자주 만들어 먹곤 했던 브라우니에서부터 쇼콜라 케이크까지, 가장 자신 있으면서 맛있게 만들 수 있는 비장의 초콜릿 레시피를 하나하나 꺼내보려고 한다.

"초콜릿엔 상처를 치유하는
　　　성분이 들었나봐."

"줄리엣 비노쉬가
　　　영화에서 판
초콜릿처럼 말야."

TABLE RECIPE

급할 때 빨리 만드는
가토 오 쇼콜라
Gâteau Au Chocolat

재료(21cm 케이크틀 1개)
다크초콜릿 100g
생크림 100g
무염버터 70g
달걀 3개
설탕 110g
코코아가루 60g

초콜릿 글레이즈
다크초콜릿 200g
무염버터 100g
설탕(또는 올리고당) 1/4컵
식물성오일 1.5작은술

늘 가족의 생일이 되면 어떤 케이크를 구울까 고민하는 일이 내 소소한 삶에서 가장 큰 즐거움 중 하나이지만, 일하는 엄마로 살다보니 늘 날짜에 맞춰 케이크를 굽는 일이 결코 쉬운 일은 아니었다. 굽다가 실패하는 일도 종종 있고, 대부분의 케이크는 굽는데 시간도 오래 걸리고 생크림이나 가나슈 등의 데코레이션도 부담스러워서 맛도 있고 보기 좋은 케이크는 없을까 생각하다가 구워보게 된 것이 바로 '가토 오 쇼콜라'였다.

우리말로 하자면 '초콜릿 과자' 정도로 해석되는 초콜릿 맛이 진한 이 케이크는 엄마가 구워준 듯 자연스럽고 담백한 비주얼에 맛은 까무러칠 정도로 훌륭하다. 게다가 재료만 준비되어 있으면 대략 30분이면 이 훌륭한 케이크를 만들 수 있어 급하게 만들어야 하는 누군가의 생일이나, 갑자기 반가운 손님이 놀러올 때 즐겨 만든다. 지난 여름, 딸아이 생일에 구워준 적이 있었는데 아이 친구들이 "이렇게 맛있는 케이크를 구워주는 엄마가 있어 너는 행복하겠다."라고 부러워할 정도로 초콜릿 맛이 진해서 남녀노소 가릴 것 없이 누구나 좋아하는 인기 최고의 초콜릿케이크다.

1 볼에 다크초콜릿, 생크림, 버터를 넣고 중탕으로 녹인 다음, 달걀노른자를 1개씩 넣으면서 잘 젓는다.
2 다른 볼에 달걀흰자를 넣고 설탕을 3번에 나누어 넣으면서 핸드믹서로 고속 휘핑하여 머랭을 만든다. 머랭 끝이 뾰족하게 올라오면 완성.
3 초콜릿 반죽에 머랭을 1/3만 넣고 거품이 꺼지지 않게 살살 섞은 후, 코코아가루를 체에 쳐서 넣고 가루가 보이지 않을 정도로 볼을 돌려가며 골고루 섞는다.
4 남은 머랭도 마저 넣고 고루 섞어서 베이킹틀에 반죽을 부은 다음, 2번 정도 틀을 바닥에 내리쳐서 공기를 뺀다. 180°C 오븐에 25 ~ 30분 굽는다.
5 오븐에 쇼콜라를 굽는 동안 초콜릿 글레이즈를 만든다. 구운 케이크를 식힘망 위에 올려놓고 숟가락으로 골고루 글레이즈를 붓는다.

초콜릿 글레이즈

1 다크초콜릿을 잘게 다지고, 버터도 깍둑썰기 한다.
2 소스팬에 초콜릿, 버터, 설탕을 한데 넣고 약불에 부드러워질 때까지 녹인다.
3 마지막에 식물성오일을 넣고 골고루 저어 완성한다.

TABLE RECIPE

천국의 맛

초콜릿 퍼지 브라우니
Chocolate Fudge Brownie

재료(20개)
다크 커버춰 초콜릿 200g
코코아파우더 20g
무염버터 113g
달걀 3개
마스코바도 설탕 227g
박력분 227g

쫀득쫀득하고 달콤한 브라우니에 하얀 바닐라 아이스크림을 얹어 먹던 첫 기억은 너무도 강렬했다. 따끈따끈 갓 구운 초콜릿 과자는 부드럽고 쫀득했고 여기에 한 스쿱 풍성하게 올려진 아이스크림은 브라우니의 온기로 녹아내렸다. 하나하나 각각의 재료가 모두 맛있었던 이 둘의 조합이 입으로 들어가는 순간은 이루 말할 수 없는 즐거움이 가득했다.

브라우니를 처음 맛보았던 때는 아마도 고등학생 때였나? 〈베니건스〉라는 패밀리 레스토랑이 꽤 선전하던 시기였다. 치즈나 버터 등이 들어간 음식을 잔뜩 먹은 다음 마무리로 꼭 하나 시켜주어야 허전하지 않았던 명불허전의 디저트는 다름 아닌 '브라우니 바텀 파이brownie bottom pie'. 달콤하고 부드러운 바닐라 아이스크림에 뜨끈하게 구워져 나온 초코 브라우니는 먹는 순간 천국을 경험하는 듯한 즐거움을 가져다주었고, 당시 고등학생이었던 나는 먹고 싶어도 흔히 먹을 수 있는 음식이 아니라 늘 아쉬웠었다.

베이킹도 요리도 잘하지 못하던 시절엔 시판 브라우니를 사서 전자레인지에 녹이고 투게더 아이스크림을 얹어 먹는 것만으로도 큰 즐거움이었다. 그러던 내가 결혼 후 베이킹 취미가 생기면서 가장 먼저 만들어본 것이 이 브라우니이다. 결혼을 하자마자 바로 첫아이가 생기고 눈물 콧물 다 쏟으며 서툴게 첫아이를 키우다 육아가 수월해질 즈음 둘째가 생겼던 나는, 남편이 늘 일로 바빴고 친정은 먼 미국에 있었기에 거의 홀로 두 아이의 육아를 씩씩하게 전담할 수밖에 없었다. 스스로 늘 되뇌이던 주문은 "씩씩하자. 나는 잘할 수 있다. 행복하자."는 것들이었는데, 그렇게 씩씩하려고 자기 최면을 걸었던 나도 개성 강한 두 아이의 육아 앞에서는 속수무책이 되기 일쑤여서 두 다리를 뻗고 엉엉 울고 싶었던 적이 한두 번이 아니었다.

잠이 늘 부족하던 그 시절, "아이들이 자면 너도 어서 잠을 챙겨둬." 하시던 친정엄마와 남편의 사랑이 담긴 염려를 뒤로하고 밀가루, 달걀, 설탕을 꺼내 놓고 먹을 사람이 나밖에 없었는데도 열심히 빵과 과자를 굽던 그때 그 시절. 브라우니라도 굽는 날이면 부엌은 온통 달콤하고 맛있는 냄새로 진동했다. 시계는 새벽 한두 시를 훌쩍 넘었는데 나는 피곤한 마음도 잊고, 힘들고 고단했던 하루의 나쁜 기억도 모두 잊은 채 따끈하게 구워져 나온 브라우니를 한 움큼 베어 물고 행복해하던 기억이 난다.

달걀에 설탕을 넣고 리본모양의 무늬가 생길 정도로 열심히 핸드믹서를 돌린 후 초콜릿 믹스처를 넣어 구우면 나풀나풀 꽤 근사한 설탕껍질이 생기는데 바삭바삭한 껍질 아래로 젤리만큼이나 쫀득하고 부드럽게 녹아든 브라우니의 맛은 한 번 먹으면 누구라도 한눈에 반할 그런 맛이다. 오레오 쿠키를 올리거나 아이스크림을 올려 먹으면, 'Taste like heaven 천국의 맛'이라는 말밖에는 생각나지 않는 브라우니의 맛! 내일은 집에 오면 열 일 제쳐 두고 브라우니부터 구워야겠다.

1 중탕으로 초콜릿, 버터, 코코아파우더를 녹인다. 중탕할 때 물을 냄비에 적당히 넣어야 넘치지 않으며, 불은 세지 않아야 한다.

2 달걀과 설탕은 함께 휘핑한다. 휘핑기를 고속으로 5분 정도 돌려 리본모양의 끈이 2~3초 유지될 때까지 휘핑한다. 이렇게 하면 브라우니가 구워져 나왔을 때 얇고 나풀나풀한 설탕껍질이 생긴다. 브라우니나 당근케이크 같은 무거운 질감의 케이크에 마스코바도를 쓰면 독특한 풍미를 느낄 수 있다.

3 잘 녹인 초콜릿을 2에 넣고 볼을 오른쪽으로 돌려가면서 아래에서 위로 주걱을 끌어올리는 느낌으로 섞는다. 여기에 밀가루를 넣고 다시 볼을 돌려가면서 밀가루가 보이지 않을 때까지 섞는다.

4 반죽을 유산지를 깔거나 버터를 바른 틀에 붓고 180℃ 오븐에서 20~25분 굽는다. 오븐에서 꺼냈을 때 찰랑거리는 느낌이 들 정도로만 구워야지 그 이상 구우면 쫀득함보다는 퍼석한 맛이 난다.

5 다 구운 브라우니는 차갑게 냉장고에 식혀서 다 굳은 다음 자른다. 먹기 직전에 전자렌지에 30초 정도 돌려 아이스크림과 함께 먹으면 더 맛있다.

즉석 아이스크림

여름이 되면 늘 달고 사는 것이 아이스크림인데, 사실 질 좋은 바닐라빈, 노른자, 생크림만으로도 맛있는 바닐라 아이스크림을 만들 수는 있다. 이게 사실 약간은 귀찮을 수도 있는데, 잘 얼려 놓은 바나나와 냉동과일만 있으면 어렵지 않게 즉석 아이스크림을 집에서 만들 수 있다.

재료
냉동베리(라스베리, 블루베리, 스트로베리 등) 1컵
얼린 바나나 1개
꿀 1큰술
바질잎 4장

만들기
믹서에 냉동베리류와 잘라서 얼려 놓은 바나나, 꿀, 바질을 넣고 한번에 간다. 바나나를 넣으면 아이스크림이 끈적끈적하게 점성이 생겨 쉽게 녹지 않는다. 바질은 꼭 넣기를 권하는데, 베리와 바나나의 맛에 묘하게 퍼지는 바질의 맛이 그렇게나 잘 어울릴 수가 없다. 누군가는 깜짝 놀랄만한 맛이라고도 했다.

그라니타 Granita

고급 파인다이닝에서 나오는 디저트 그라니타도 집에서 쉽게 만들 수 있다. 그라니타는 라임, 레몬 등의 과일에 설탕, 와인, 샴페인 등의 혼합물을 섞어 얼린 셔벗 같은 이탈리아식 디저트이다.

재료
오미자(또는 복분자) 원액 1/2컵
와인 1/4컵
물 1/2컵
꿀 1큰술
레몬즙 1/4개 분량

만들기
1 재료를 모두 잘 섞어서 냉동할 수 있는 용기에 붓는다.
2 1시간 정도 얼린 다음 꺼내서 윗부분을 포크로 긁어주고 다시 얼린다. 3~4시간마다 포크로 빙수처럼 될 때까지 긁어준다.

바나나 플랑베 Banana Flambe

아이스크림 이야기를 하다 보니, 늘 내가 잘 해먹곤 하는 바나나 플랑베를 소개해주고 싶다. 플랑베는 고기나 해산물에 브랜디, 럼, 와인 등의 알코올을 붓고 불을 붙여 잡내를 날려버리거나 향을 돋우는 조리방법이다. 바나나 플랑베는 바나나가 많이 남았거나 손님이 오셨을 때 간단하게 만들어볼 수 있어 자주 만든다. 굉장히 고급스럽고 맛도 좋아 많은 사람들이 좋아하는데 꼭 바나나가 아니어도 괜찮다. 잘 익은 오렌지나 사과, 심지어는 제철 살구와 복숭아와 곁들여내도 좋고, 먹다 남은 와인에 계피나 정향을 넣고 배를 졸여(이를 와인에 포치한 배라고 한다) 함께 내면, 섬세하고 고급스러운 맛의 디저트를 집에서도 즐길 수 있다.

재료

버터 1큰술
설탕 2큰술
레몬즙 1큰술
바나나 1개
시나몬파우더 1/2작은술
럼주(또는 브랜디) 1큰술
아이스크림 1스쿱

만들기

1 먼저 팬에 버터, 설탕, 레몬즙을 녹여 시럽을 만들고, 뜨거운 시럽에 바나나, 시나몬파우더를 넣고 시럽이 골고루 바나나에 배게 끼얹으면서 굽는다.
2 마지막에 럼주를 뿌려 플랑베한 후 불을 끄고 접시에 담아서 아이스크림과 함께 낸다.

TABLE RECIPE

맛도 있고, 건강도 챙기는

초콜릿 치아씨드 푸딩
Chocolate Chia Seeds Pudding

재료(1인분)
아몬드밀크(또는 두유나 우유) 1/2컵
치아씨드 2큰술
코코아파우더 1큰술
메이플시럽 1~2큰술
휘핑크림 2~3큰술
초콜릿 2~3조각

핫한 재료는 호기심에라도 열심히 사서 먹어보는 성격탓에 우리 집에는 늘 신기한 식재들이 냉장고와 팬트리에 넘쳐난다. 한동안 슈퍼푸드 열풍이 강타한 적이 있었는데, 이를테면 병아리콩, 렌틸콩, 퀴노아 같은 것들이었다. 병아리콩이나 렌틸콩은 수프나 샐러드 또는 밥에 넣어 먹는다고 열심히 섭취를 해주었는데, 작은 씨앗처럼 생긴 치아씨드는 도무지 어떻게 먹어야 좋을지 몰라 요구르트에 넣어 먹거나, 머핀을 구울 때 잔뜩 넣는 정도였다. 그런데 외국생활을 오래한 어느 동생이 알려준 '초콜릿 치아씨드 푸딩'은 달콤하고 맛있는데다가 만들기도 쉬워서 저녁에 만들어두었다가 아침에 차게 해서 먹으면 그렇게 맛있을 수가 없었다.

그런데 이 치아씨드에는 연어의 8배나 되는 오메가3와 블루베리의 3배나 되는 항산화 성분이 들어있고, 자기 몸의 10배 가량의 수분을 흡수해 소량만 섭취해도 포만감이 뛰어나 훌륭한 다이어트식이 될 수 있다는 사실을 알고는 더 자주 만들어 먹게 되었다. 맛도 있으면서 건강도 챙기고, 다이어트에도 좋다니 여자에게 이만한 음식이 또 없지 않을까 싶다.

사실 치아씨드를 우유나 아몬드밀크에 불리면 동글동글하게 불어난 모습이 조금은 징그럽기도 하고 거부감이 들기도 하지만(우리 집 아이들은 불려진 치아씨드를 '개구리 알'이라 부를 정도니 말이다) 믹서에 갈면 푸딩처럼 부드럽게 즐길 수 있다. 바나나, 블루베리 같은 토핑과도 잘 어울리고, 얇게 슬라이스한 아몬드 같은 견과류를 듬뿍 넣어도 좋다. 휘핑 생크림을 폭신하게 올려주면 디저트로도 즐길 수 있다.

1 예쁜 유리병에 아몬드밀크를 붓고 치아씨드, 코코아파우더, 메이플시럽을 넣고 잘 저어준 다음 뚜껑을 덮어 냉장고에 6시간 이상 둔다.
2 냉장고에서 꺼내 믹서에 부드럽게 간 다음 휘핑크림을 얹고, 그 위에 초콜릿을 그레이터로 갈아 흩뿌린다. 기호에 따라 코코넛 플레이크를 뿌려도 좋다.

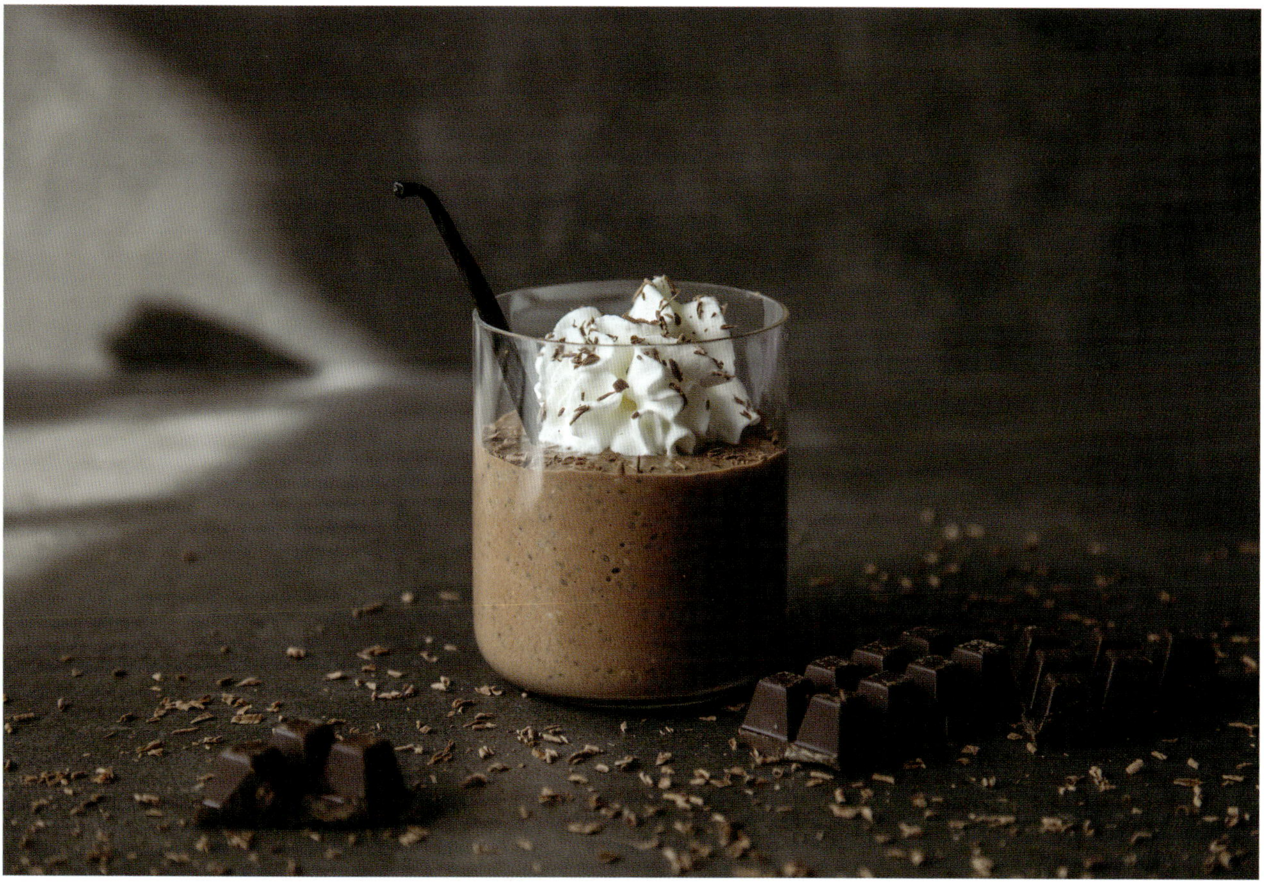

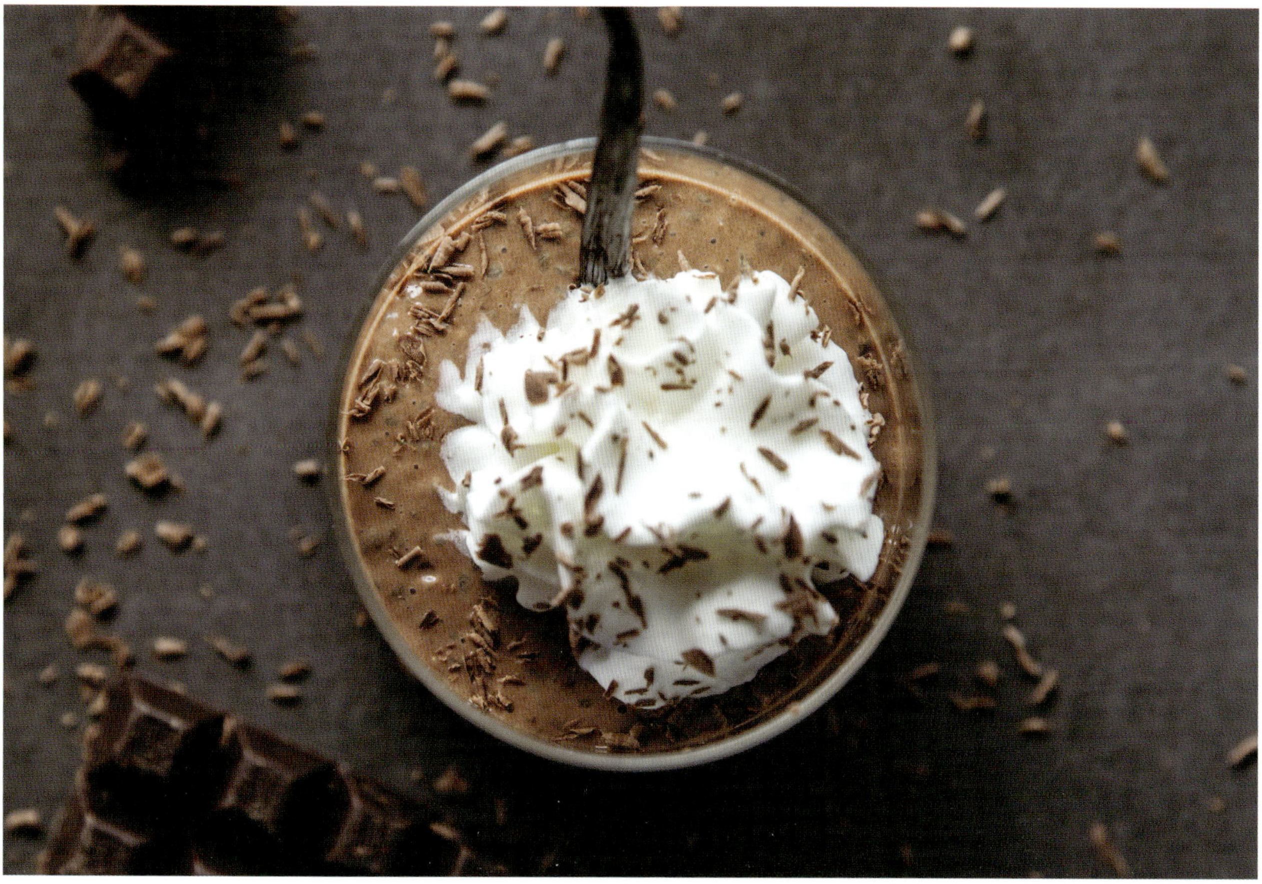

TABLE RECIPE

추억을 상기시키는

초콜릿 마들렌
Chocolate Madeleine

재료(12개)
버터 38g
달걀 1.5개
설탕 25g
박력분 31g
베이킹파우더 0.8g
코코아가루 5g
꿀 25g

마르셀 프루스트Marcel Proust의 『잃어버린 시간을 찾아서』에서 마르셀은 마들렌을 먹으며 어린 시절로 향하는 기나긴 회상을 시작한다. 마들렌에 대한 궁금증은 거기에서 시작되었다. 홍차에 적셔 먹던 과자 마들렌의 맛은 어떨까 궁금해서 잠도 못 잘 것만 같던 시간이 기억난다. 누군가가 푸드 포르노그라피food Pornography라고도 칭하는 영화나 만화, 소설 속에 등장하는 음식의 힘은 실로 상당해서, 〈빨간 머리의 앤〉의 앤 셜리가 마릴라 아주머니의 집에서 따뜻한 수프에 찍어 먹던 빵, 영화 〈토스트〉에서 나이젤 슬레이터를 충격에 빠뜨렸던 새엄마가 구워준 레몬 머랭파이라든가, 심지어는 프란다스의 개에서 철제우유통에 넘칠 듯이 담겨있던 우유를 보면서 한없이 먹고 싶다는 상상을 하곤 했었다.

그렇게 궁금해 하던 마들렌은 동네빵집 귀퉁이에 작은 조가비 모양으로 무심하게 놓여져 있었는데, 내 공상 속에 등장하던 것처럼 근사한 맛은 아니었다. 그도 그럴 것이 그 당시는 지금처럼 제과제빵기술이 발달한 시절도 아니었고, 건강이나 재료에 대한 관심이 그다지 많지 않던 시절이라 최소의 비용으로 빵을 만들고, 잘 팔려야 주머니를 채울 수 있었던 생계형 동네빵집에서 근사한 맛을 기대하기는 어려웠을 것이다.

그러던 내가 마들렌의 맛을 다시 접한 것은 우연히 알게 된 동경제과학교 출신의 젊은 파티시에로부터였다.

조개모양에 볼록 튀어나온 귀여운 배를 가진 그녀의 마들렌은 갓 구워져 나왔을 때 헤이즐넛을 상기시키는 버터향이 가득했고, 한입 베어 물면 겉은 과자같이 바삭한데 속은 놀랍도록 촉촉했다. 마지막 혀끝에 감도는 레몬필의 상큼함도 긴 여운으로 남았다. 그러나 무엇보다도 나를 사로잡았던 것은 그녀의 초콜릿 마들렌이었다. 묵직하고 진한 카카오파우더의 맛이 입안에서 깊은 울림을 주는데, 그 사이사이 느껴지는 고소한 버터의 풍미, 볼록한 배는 없지만 꿀이 들어가 촉촉한 그 맛은, 마들렌에 대해 가진 나의 예의 없음을 충분히 불식시키기에 충분한 맛이었다. 여기에 홍차나 우유 한 잔이면 쌉쌀한 첫 키스의 추억이라든가, 어린 시절 강변에서 아빠와 불꽃놀이를 하던 행복했던 과거로의 추억을 상기시킬 만큼이나 감미로운 맛이다. 어쩌면 마르셀이 과거로 회귀하는 매개가 된 디저트가 마들렌이 되어버린 것도, 이러한 이유에서가 아니었을까…….

1 버터를 소스팬에 넣고 갈색이 나고 아몬드향이 날 때까지 태운 후 잘 식힌다.
2 볼에 달걀을 넣고 한번 풀어준 다음 설탕을 넣어 잘 섞는데, 바닥을 만져보아 설탕입자가 느껴지지 않을 때까지 섞는다.
3 달걀물에 체친 밀가루, 베이킹파우더, 코코아파우더를 넣어 잘 섞은 다음 꿀과 태운 버터를 넣고 잘 젓는다.
4 짤주머니에 반죽을 넣고, 미리 버터와 밀가루를 발라 냉장고에 차갑게 보관한 틀에 약 80% 가량 짜서 채운 다음, 180°C로 예열한 오븐에서 15분 정도 굽는다.

마들렌의 신의 한수, '태운 버터'

사실 마들렌처럼 만들기 쉬우면서 흔하게 자주 볼 수 있는 과자도 드물지만, 나중에 뒤돌아서면 생각날 정도로 맛있는 마들렌은 별로 맛본 적이 없었다. 물론 어떤 요리든 재료의 몫이 8할이라 좋은 유정란, 프랑스산 엘엔비르(Elle & Vire) 버터, 발로나(Valrhona) 코코아파우더 등의 재료에 대한 노력을 기울이면 고급스러운 맛의 마들렌을 탄생시킬 수도 있겠지만, 이와 더불어 한 가지 비법을 소개하자면 '태운 버터'를 꼭 써보라는 것이다. 버터를 태우면 부엌 가득 고소하고 달콤한 아몬드향이 난다. 조금 수고스럽더라도 이렇게 버터를 태워 반죽에 넣으면 코끝을 아련하게 스치는 고급스러운 버터향이 달콤한 코코아파우더와 그렇게나 잘 어울릴 수가 있다. 특히 이렇게 만든 마들렌은 시중의 마들렌보다 훨씬 고급스럽고 풍미가 깊다. 어찌보면 버터 하나만 태워서 넣었을 뿐인데, 맛은 한층 업그레이드가 되는, 그야말로 '신의 한수'가 아닐까 싶다.

TABLE RECIPE

요리를 향한 막연한 꿈의 스타트

초콜릿 가나슈 컵케이크
Chocolate Ganache Cupcake

재료(12개)
다크초콜릿 90g
무염버터 150g
설탕 150g
달걀 3개
밀가루 70g
코코아가루 20g
베이킹파우더 4g
바닐라 익스트랙 1방울
소금 1꼬집

초콜릿 가나슈
생크림 250g
초콜릿 250g
슈가파우더 50g
쿠엥트로 1작은술

내가 예전에 살던 동네에서는 1년에 두 번 벼룩시장이 열렸다. 집에서 잘 안 쓰는 가전제품이나 식기, 작아진 아이들 옷, 장난감, 인형 등을 가지고 나와 좌판도 없이 자유롭게 파는 〈garage market〉 같은 거였다. 손재주 많은 엄마들은 향초, 머리핀, 직접 뜬 니트가방부터 맛있는 음식, 쿠키나 과자까지 다양한 것들을 만들어 팔곤 하였다. 어찌 보면 단순한 벼룩시장이었지만 주최하는 엄마들이 자발적으로 판매금액의 10%를 기부하였고, 그렇게 거두어들인 수익은 탄자니아에 우물을 파는데 사용해, 내가 그곳에 사는 동안 10개의 우물을 만들었던 꽤 의미 있는 시장이었다.

매번 벼룩시장이 열릴 때마다 나는 잼이나 쯔유, 데리야키 소스 등을 재미삼아 만들어 선보이곤 했는데 이게 의외로 인기가 많았다. 두 아이를 키우는 전직 은행원 출신의 전업주부였던 내가, 요리로 무언가를 해보고 싶다는 막연한 꿈을 꾸었던 것도 이때부터였던 것 같다. 나도 한때는 꿈 많던 대학생이었을 테고, 사회에 첫발을 내딛던 시절엔 '의미 있는 무언가'가 될 것이라 믿었을 것이다. 그러다 결혼을 하고, 아이를 하나 둘 낳으면서 자신의 삶도 인생의 방향도 빛나던 젊은 시절 마음속에 품었던 꿈과는 거리가 멀다는 것을 점점 깨닫기 시작했을 것이다. '내 인생, 이대로 살아도 좋을까'라는 생각이 엄습하던 막연한 불안감과 '나는 누구일까'라는 정체성에 대한 의문 앞에서는 여지없이 초라해짐을 느꼈을 것이다. 이런 기분은 주부라면 누구나 한번쯤은 느껴보았을 것이다. 그래서였을까? 한없는 동지애와 동질감 같은 것 때문인지, 또래의 엄마들은 주부라는 타이틀로 무언가 자신의 이름을 만들어가는 나의 작지만 꾸준한 움직임을 열렬히 응원해주었다.

그 당시 밤잠을 설쳐가면서 매일 밤 부엌에서 이것저것 만들어보던 나는, 맛있는 디저트를 구워 벼룩시장에서 팔고 그 수익금을 전부 기부해보지 않겠냐는 주최측의 제안에 단 1초의 망설임도 없이 응했다. 메뉴를 무엇으로 할까 고민할 때엔 단번에 이 '초콜릿 가나슈 컵케이크'를 떠올렸다. 집에 놀러오는 또래 엄마들이나 아이들에게 종종 구워주곤 했던 이 컵케이크는 인기가 많아서, 만들어 놓으면 금세 사라지기 일쑤였고, 가끔 친한 엄마들은 아이생일에 유치원에 들려 보낼 요량으로 주문요청이 쇄도하곤 했기 때문에, 엄마와 아이들이 많이 나오는 벼룩시장에서 분명 인기가 좋을 거란 확신이 들었다. 그때의 작은 오븐으로는 컵케이크 6개 굽는 게 고작이었던 나는 50여 개의 케이크를 굽느라 밤잠을 설쳤고, 초토화된 부엌에는 설거지거리가 잔뜩 쌓였지만 좋은 일에 쓰인다니 그렇게나 마음이 설렐 수가 없었다. 그러나 막상 벼룩시장의 아침이 밝자 불안함이 엄습해왔다.

'내 케이크가 안 팔리면 어떡하지?'

이런 걱정도 잠시, 내 불안을 단숨에 불식시킬 많은 사람들이 이미 케이크를 꺼내기 전에 줄지어 서있는 모습을 보는 순간 왈칵 눈물이 났다. 초스피드로 50여 개의 케이크를 모두 팔아치웠다. "좀 더 굽지 그랬냐", "다 팔려서 아쉽다" 등등의 애교 섞인 야유를 들으면서 무엇보다 행복했던 건, 그날 사람들로 꽉 메워진 벼룩시장 사이사이에서 입가에 초콜릿을 잔뜩 묻히며 컵케이크를 먹던 사람들의 행복한 웃음을 보았기 때문이다.

1 중탕으로 초콜릿과 버터를 녹인 다음, 설탕을 넣고 잘 섞어서 뜨겁지 않을 정도로 잘 식혀둔다.
2 달걀을 1개씩 넣으면서 거품기로 잘 저어준다. 이때 달걀의 수분과 버터의 지방이 분리되지 않도록 재빨리 잘 섞는다.
3 2에 밀가루, 코코아가루, 베이킹파우더를 체에 쳐서 넣고, 바닐라 익스트랙도 넣어 잘 섞어준다.
4 짤주머니에 반죽을 넣고, 종이호일컵을 깐 컵케이크틀에 80% 정도 짜서 채운 다음, 170℃ 오븐에서 25분 동안 굽는다.
5 초콜릿 가나슈를 만든다. 소스팬에 생크림을 끓이다가 초콜릿을 잘 섞어 녹이고, 단맛을 조절해가면서 슈가파우더를 섞은 다음, 마지막에 쿠엥트로를 살짝 넣는다.
6 컵케이크를 오븐에서 꺼내 한 김 식힌 후 초콜릿 가나슈를 고르루 묻힌다. 프로스팅하고 남은 가나슈는 유산지를 깐 밀폐용기에 부어 굳히면 생초콜릿으로도 즐길 수 있다.

초콜릿 가나슈

베이킹할 때 매력적인 '쿠엥트로'

내가 베이킹할 때 줄곧 집어 드는 술 중에 오렌지맛이 나는 럼주 <쿠엥트로(cointreau)>라는 것이 있다. 프랑스산 리큐르인 쿠엥트로는 주정, 물, 설탕, 오렌지껍질로 만들어진 40도의 꽤 강한 술이다. 투명한 색에 단맛이 강해서 뚜껑을 여는 순간 상쾌하고 기분 좋은 향이 가득히고, 한 모금 마셔보면 기분이 짜릿해지는 오렌지향에 몸과 마음이 산뜻해진다. 나는 초콜릿과 오렌지향이 꽤 잘 어울리는 조합이라 생각하는데, 초콜릿이 들어가는 베이킹을 할 때 쿠엥트로를 살짝 넣으면 은은하면서도 색다르고 신선한 맛이 즐겁다. 위의 초콜릿 가나슈를 만들 때도 쿠엥트로 1큰술 정도를 넣곤 하는데, 초콜릿 사이로 아주 미세하게 느껴지는 오렌지향이 꽤 매력적으로 다가온다.

TABLE RECIPE

내 인생과도 닮은

퐁당 오 쇼콜라
Fondant Au Chocolat

재료(4개)
다크초콜릿 200g
무염버터 100g
달걀 2개
달걀노른자 2개
마스코바도 설탕 100g
박력분 20g
코코아파우더 20g
바닐라 익스트랙 1작은술
슈거파우더 1~2작은술

언제인가 양재천 근처의 작은 가정식 프랑스 식당에서 정말 제대로 된 '퐁당 오 쇼콜라'의 맛에 감동받은 일이 있었다. 잡기에도 뜨거운 디저트 접시 위에 먹음직스럽게 구워져 나온 퐁당 오 쇼콜라를 반으로 가르자 화산처럼 뜨끈하고 끈적한 초콜릿 용암을 토해낸다. 그 뜨거운 케이크가 입 안에서 녹아내릴 때의 감동이란…… 마치 평소에는 무뚝뚝하고 마음을 드러내지 않던 애인에게서 세상 최고의 로맨틱한 프로포즈를 받는 것만큼이나 감미롭고 짜릿한 달콤함에 몸서리를 칠 정도였다.

퐁당 오 쇼콜라는 다른 초콜릿 디저트와는 달리 묵직하고 달지 않아야 한다. 마치 애인의 프로포즈가 결코 가볍지 않아야 하는 것처럼 말이다. 달듯말듯 그 묵직한 초콜릿케이크의 쌉쌀한 맛, 그리고 마지막에 희미하게 여운을 남기는 달콤함, 그것이야말로 진정한 퐁당 오 쇼콜라만의 매력이니까.

퐁당 오 쇼콜라는 주부라는 타이틀을 벗고 월간지 기사에 처음으로 나의 요리와 스타일링을 정성들여 선보였던 의미 있는 디저트 메뉴이기도 하다. 그러고 보니, 요리로 꿈을 꾸고 그 빛을 찾아가며 울고 웃고 기뻐하던 나의 지난 시절은 쌉쌀하고 묵직하면서도 달콤한 매력을 가진 '퐁당 오 쇼콜라'와 많이도 닮았다.

1 중탕으로 버터와 초콜릿을 녹인다. 이때 초콜릿의 카카오 함량이 50% 이상이어야 맛이 진하고 깊다.
2 볼에 달걀과 설탕을 넣고 휘핑한다. 거품이 뽀얗게 올라올 정도면 좋다.
3 달걀물에 초콜릿 믹스처를 조금씩 흘려 부으면서 휘핑한다.
4 밀가루와 코코아파우더를 체에 쳐서 넣고 바닐라 익스트랙도 넣는다.
5 코코트에 반죽을 붓고 170℃ 오븐에서 15분 구운 다음, 슈가파우더 등을 뿌려서 장식한다.

용암처럼 흘러내리는 라바 케이크

퐁당 오 쇼콜라는 반으로 갈랐을 때 주르륵 용암(lava)처럼 흘러내리는 진한 초콜릿이 매력이다. 영화 <아메리칸 셰프>에서 평론가에게 악평을 들었던 그 초콜릿 케이크가 '라바 케이크'라 불리우는 이유가 바로 그것이다. 따라서 초콜릿 반죽을 오븐에 넣었을 때, 안이 골고루 익어버려 '초콜릿 스펀지 케이크'가 되지 않도록 예민하게 지켜봐야 한다. 차라리 덜 익은 편이 완전히 다 익어버리는 것보다 낫다. 오븐에서 코코트를 꺼내어 흔들어 보았을 때 안의 충전물이 찰랑찰랑 흔들리면 아주 잘 구워진 것이다. 속이 전혀 익지 않은 것 같다고 걱정할 필요가 없다. 미리 만들어 두었다가 먹을 때는 전자레인지에서 20초 정도만 데워서 뜨겁게 먹는다. 마치 용암만큼이나 뜨거운 초콜릿이 흘러내려야 진정한 '퐁당 오 쇼콜라'를 맛보았다고 이야기할 수 있을테니 말이다.

MY KITCHEN TOOLS STORY
01
SKEPPSHULT
스켑슐트의 매력

스켑슐트를 알게 된 것은 요리를 무척이나 사랑하는 지인을 통해서였다. 먼저 묵직한 무게감에 군더더기 없는 간결한 디자인이 눈에 들어온다. 일반 냄비나 팬보다 확실히 요리가 더 맛있게 잘 되어 무쇠주물 냄비를 결혼 초부터 좋아했었는데, "그러다 나중에 어깨 아파서 고생한다"는 잔소리를 친정엄마로부터 들으면서도 무겁고 두께감 있는 냄비를 선호해오던 나에게 스켑슐트야말로 무쇠주물 냄비와 팬의 새로운 지평을 열어준 획기적인 요리도구가 되어버렸다.

너도밤나무와 호두나무로 만들어진 손잡이에 투박하지만 깔끔한 디자인. 5mm나 되는 두툼한 두께에서 오는 묵직함은 물론이고 한번 달구어지면 온도가 일정하게 유지되고, 조리하는 동안 무쇠에 은근히 스며드는 오일을 보면 탄성이 절로 나온다. 생선이나 고기를 달궈진 팬에 올려놓으면 '치익~'하고 나는 소리가 식욕을 자극하고, 겉은 크리스피하고 속은 촉촉한 고기를 맛보면 마치 레스토랑에서 먹는 듯한 착각이 들지도 모른다.

그뿐인가? 뚜껑, 바닥, 옆면의 두께가 균일해 일정 온도의 열이 전체를 고르게 순환하여 조리하는 내용물에 수분이 살아있고, 재료의 뛰어난 맛과 향을 간직하여 부드럽고 풍부한 맛의 변주를 경험해볼 수 있다. 풍부한 유기농 유채씨 기름으로 표면을 처리한 스켑슐트의 시즈닝은 화학적 코팅이 입혀져 있지 않아 조리과정에서 자연스레 철분과 미네랄을 섭취할 수 있다. 관리하기가 조금 까다롭고 살짝 무거운 단점은 있지만, 한번 주물무쇠의 매력에 빠져들면 헤어나오지 못할 정도로 '대를 물려줄' 도구가 아닐 수 없다.

1 타원형 냄비

캐서롤은 한국요리에 정말 안성맞춤인 요리도구이다. 찜처럼 오래 끓이는 음식, 튀김처럼 높고 일정한 온도에서 튀기는 음식, 한국인 식생활에 빠지지 않는 매일 밥상에 오르는 윤기 나는 찰진 밥, 제철 재료를 넣고 정갈하게 끓여낸 찌개와 국까지 캐서롤만큼이나 많은 요리에 두루두루 잘 사용하는 냄비도 없는 것 같다. 밥이나 찜을 하면 묵직한 뚜껑이 수분을 꽉 잡아줘서 촉촉하고 부드럽다. 밥은 마치 한정식집의 돌솥밥만큼이나 윤기가 좌르르하다. 처음 사용하기 전에 냄비가 오일을 먹게 되면 코팅이 잘 되기 때문에 첫 요리로 튀김을 해보았는데, 바삭하게 튀겨진 치킨가스의 맛도 일품이었고, 잘 길들여져서 다른 요리할 때도 편리하게 사용할 수 있었다.

2 오븐웨어 그라탕팬

각종 오븐요리 이를테면 로스트 치킨이나 로스트 비프처럼 오랜 시간 조리할 때 이 팬은 묵직하고 두꺼워 최상의 레시피가 완성된다. 파에야의 경우도 열전도율이 좋고 온도를 고르게 유지하면서 열이 빨리 식지 않아. 바닥은 살짝 눋고 윗부분은 고슬고슬하게 완성할 수 있다. 특히 요리한 채 그대로 플레이팅까지 할 수 있어 편리하다.

3 트래디셔널 컬렉션 그릴팬

다른 그릴팬에 비해 간격이 좀 더 촘촘한 그릴팬은 선명하고 촘촘한 그릴자국을 내어 더 먹음직스럽게 보이게 만들고 멋스러운 플레이팅도 도와준다. 고르고 빠르게 순환하는 열 덕분에 치즈가 잘 녹아 맛있는 파니니도 만들 수 있다. 스테이크를 구울 때는 연기가 날 때까지 팬을 충분히 달구어 사용하면 선명한 그릴자국이 생겨 식욕을 자극한다.

4 트래디셔널 컬렉션 프라이팬

사진에는 없지만 트래디셔널 프라이팬은 그릴팬에서 홈이 없는 팬이라고 생각하면 된다. 무쇠주물의 멋스러움과 우드의 내추럴함이 조화가 잘 되어 보기만 해도 흐뭇한 조리도구이면서 손삽이를 잡았을 때 손에 착착 감기는 그립감 또한 일품이다. 한번 예열되면 높은 온도가 쉽게 식지 않아 굽거나 튀기는 요리에 사용하면 육질을 최상으로 이끌어준다. 비프 타다키를 하거나 가자미, 갈치, 삼치 등을 충분히 달군 팬에 구우면 바삭바삭한 껍질과 육즙이 그대로 살아있는 촉촉한 일품구이를 완성할 수 있다.

5 미니냄비(0.1ℓ)

스캡슐트의 미니냄비는 일반 유통되는 무쇠주물에 비해 두꺼워 열보존력과 저항력이 더 뛰어나 영양소 파괴를 줄이는 것은 물론, 재료의 맛과 향을 보존하여 풍부하고 뛰어난 맛을 완성시킨다. 콤팩트한 미니냄비는 소스를 담거나 뜨겁게 조리한 채소 등을 담아 식지 않게 유지할 수 있다.

6 오리지널 컬렉션 미니팬

미니팬은 잘 달구어 기름을 두르고 달걀프라이를 할 때 자주 쓰는데, 철판에 바삭하게 잘 구워진 흰자 먹는 재미가 쏠쏠하다. 버터를 충분히 두르고 가끔은 더치베이비 팬케이크(독일식 팬케이크)를 해먹거나 사과를 잘게 썰어서 졸여 팬 그대로 놓고 뜨거울 때 아이스크림을 얹어 먹으면 녹아드는 차가운 아이스크림과 말캉거리고 뜨거운 사과조림의 맛이 꽤 매력적이다.

7 미트 텐더라이저

무쇠주물 특유의 묵직한 무게감 때문에 고기에 균일하고 고른 힘이 전달되어 육질이 부드러워진다. 신선한 우둔살을 미트 텐더라이저로 잘 두드려 육회, 비프 타르타르 또는 잘 구워서 샐러드에 올려 먹으면 맛있다. 평소에 퍽퍽한 부위라 생각했던 우둔살도 텐더라이저를 통해 부드러운 고기로 재탄생되는 것이 놀랍다.

8 피시 스케일러

생선 비늘을 남김없이 쉽게 제거해준다. 리듬감 있게 왔다갔다 하면서 비늘을 제거하는 게 꽤 재미있어 아이들에게 시키기도 한다.

9 스윙 페퍼

스윙 페퍼는 예쁘기도 하지만 분쇄 정도를 조절할 수 있어 조금 거칠고 굵은 입자의 후춧가루를 좋아하는 내게는 딱 안성맞춤인 도구이다. 일반 페퍼밀보다 분쇄력도 탁월하고, 먹을 때마다 알맞은 양의 통후추를 갈아서 즐길 수 있다.

10 트래디셔널 컬렉션 에그 프라이팬

나처럼 4인 가족을 위해 개발된 것인지, 트래디셔널 에그프라이팬은 주말 아침 느즈막하게 브런치를 즐길 때 그 진가를 발휘한다. 충분히 달구었다 기름을 두르고 달걀 4개를 깨뜨려 넣으면, 프라이는 팬이 알아서 해주는 듯한 느낌이 들 정도니까. 이렇게 만들어진 프라이는 잉글리시머핀 사이즈와 딱 맞아서 머핀 안에 치즈와 베이컨, 달걀프라이를 넣고 맥도날드 스타일의 〈베이컨 에그 맥머핀〉을 만들기도 하고, 핫케이크 반죽을 넉넉하게 만들어 미니 핫케이크를 만들어 먹기도 한다. 제사가 있는 날에 남아있는 나물과 이 에그프라이팬만 있으면 각종 나물이 골고루 들어간 비빔밥을 금방 완성할 수 있는데 바삭한 달걀프라이와 나물비빔밥의 조화는 먹어본 사람만이 알 수 있을 것이다.

무쇠주물 제품 관리

시즈닝이란 기름을 사용하여 무쇠제품의 표면을 길들이는 것인데, 시즈닝이 미리 되어 있는 제품을 처음 사용할 때는 따뜻한 물로 헹군 다음 사용한다. 요리가 끝나면 열기를 식힌 후 수세미나 세척솔을 사용해서 뜨거운 물로 닦는데, 표면의 오일막을 보호하기 위해 세제를 사용하지 않는다. 만약 양념이 많이 눌어붙어 있다면 팬에 물을 담아 끓인 후 물을 버리고 세척하는 것을 반복한다. 무쇠이기 때문에 젖은 채로 보관하거나 물기 있는 음식물을 오래 보관하면 녹이 슬 수 있는데, 이럴 때는 뜨거운 물에 헹구고 베이킹소다나 식물성기름을 넣고 굵은 소금을 듬뿍 뿌려 솔이나 수세미로 꼼꼼하게 문지르면 쉽게 닦인다. 세척 후에는 행주로 물기를 완벽히 닦고 은근한 불에서 건조시킨 후 식물성기름을 골고루 발라 시즈닝해서 보관한다. 요리할 때는 충분히 중불에 예열한 후 사용한다.

© SKEPPSHULT

MY KITCHEN TOOLS STORY
02

STAUB
나의 스타우브 사랑

묵직하고 무거워 열이 잘 식지 않으면서 고르게 분배되는 무쇠주물 냄비의 매력은 이미 스캡슐트 설명에서 입에 침이 마르게 이야기했지만, 사실 나의 첫 무쇠주물 냄비의 시작은 스타우브였다. 프랑스에서 온 스타우브 냄비는 묵직하고 두꺼운 두께 때문에 오랜 시간 끓이는 찜이나 스튜, 심지어 수육 같은 요리에 그만이지만 화이트, 블랙, 그레이 등의 무채색 마니아인 나에게는 더없이 화려한 컬러감과 예쁜 디자인으로 요리할 때 가장 많이 집어 들게 하는 매력을 지녔다.

특히 뵈프 부르기뇽처럼 뭉근하게 오래 끓이거나, 카치아토레처럼 오븐 요리를 할 때 재료 본연의 맛과 향을 살려준다. 이유는 뚜껑 내부에 솟아 있는 돌기에 증발한 수분이 붙었다 떨어지기를 반복하는 독특한 구조로 열을 가두기 때문인데, 스타우브는 기가 막히게도 맛있는 음식을 만들어주는 영리한 도구임에 틀림없다.

1 라운드 오벌 코코트
회색의 라운드 오벌 코코트에는 돼지모양의 사랑스러운 손잡이를 달아주었다. 늘상 하는 요리는 아니지만 친구나 가족과의 파티나 명절에 큰맘 먹고 갈비찜을 할 때, 뵈프 부르기뇽을 만들 때, 축축 처지는 더운 날 삼계탕을 끓일 때 닭 한마리가 너끈히 들어가는 사이즈라 무척이나 애정하는 아이템이다. 독특한 구조의 뚜껑과 두꺼운 냄비가 열을 가둬 오랫동안 끓이는 요리에 제격이다. 게다가 조리 후에는 재료들이 부드럽게 입에서 녹는 식감으로 변하는데 내가 요리를 잘한 건지, 냄비가 좋은 건지 의아하게 만드는 마성의 냄비이다.

2 소스팬
4인분 기준으로 버섯, 새우, 멸치 등을 넣어 다시를 낼 때, 아이들을 재우고 국물을 좋아하는 남편과 내가 오붓이 우동을 끓일 때, 또는 잘 익은 토마토로 홈메이드 토마토소스를 만들거나 살구, 산딸기 등 제철과일로 잼을 만들 때 가장 많이 사용한다. 묵직하고 두꺼워 재료의 깊은 맛이 잘 우러난다.

3 베이비 웍
불에 올려 한껏 부풀려 먹는 계란찜을 만들거나 청국장, 차돌박이 된장찌개를 끓이는 등 국물이 많지 않게 자박자박 끓이는 요리에도 적합하지만 갈치조림 등을 할 때도 자주 사용한다.

4 미니 코코트
생크림을 넣은 1인용 달걀찜을 한다거나, 수플레를 만들거나, 퐁당 오 쇼콜라를 만드는 등 다양한 요리에 활용할 수 있지만, 용기 자체로 너무 예뻐서 양념장을 담아내거나, 살사소스를 담는 등 활용도가 높은 내가 무척이나 사랑하는 아이템이다.

5 22㎝ 라운드 코코트
가장 활용도가 높은 냄비이다. 4인분 기준으로 국을 끓이거나, 밥을 하거나, 수육을 만들거나, 스튜나 수프를 끓이는 등 두루두루 활용범위가 넓다. 밥은 압력밥솥만큼이나 촉촉하고 찰기가 있으며, 바닥을 오랜 시간 가열하면 맛있는 누룽지도 만들 수 있다.

MY KITCHEN TOOLS STORY
03
KITCHEN TOOLS
내가 사랑하는 요리 도구

좋은 재료가 가득 준비되어 있다면 맛있는 요리를 만들기 위한 80%의 충분조건은 갖춰진 셈이다. 그렇다면 나머지 20%는 어디에서 충족할 수 있을까? 15%는 만드는 사람의 정성, 나머지 5%는 효율적이고 적합한 키친툴에서 비롯된다고 생각한다.
이제껏 요리와는 불가분으로 밤낮없이 일하면서 직접 몸으로 체득한 요리가 더 즐거워지는 편리하고 트랜디한, 게다가 스타일리시하기까지 한 내가 가장 사랑하는 요리도구들을 소개해보겠다.

1 제이미 올리버 돌절구 Jamie Oliver Mortar and Pestle
선물 받은 미니 사이즈의 제이미 올리버 돌절구가 너무 좋아서 사이즈별로 구비해 두었다. 큰 절구엔 바질페스토나 과카몰리 등을 만들고, 작은 사이즈에는 통후추를 갈거나 깨를 가는 등 여러 가지로 다재다능한 도구이다. 가끔 소스나 딥을 만들어 담아내기도 하는데 나름 테이블웨어로도 그만이다.
내가 산 곳 신세계백화점 본점 주방매장
살 수 있는 곳 ssg.com

2 마이크로플레인 강판 Microplane Zester & Grater

치즈를 갈거나 레몬이나 오렌지제스트를 만들 때 이 강판만큼이나 똑똑한 도구도 없다. 시중에 나와 있는 수많은 강판 중에 내가 가장 사랑하는 제품이 이 마이크로플레인의 치즈 그레이터이다. 길쭉한 모양으로 파마산 치즈나 미몰레트 치즈처럼 단단한 치즈를 갈 때 슥슥 문질러주기만 하면 되니 얼마나 편한지 모른다. 밋밋한 샐러드에 치즈 하나만 갈아 얹어도 모양이 살지만 맛도 풍성해지니 일석이조. 레몬이나 오렌지 등도 얇게 껍질만 곱게 갈리니 요리에 좀 더 풍성하고 다양한 터치를 더할 수 있어 좋다.

내가 산 곳 남대문시장 대도상가 3층 본텍
살 수 있는 곳 베스트유어스

3 드부이에 블리니팬 Debuyer Mini Blini

한동안 블로그를 통해 블리니팬을 해외직구하는 사람들이 많았었다. 깜찍하고 작은 사이즈의 철팬은 처음에 길들이기가 어려워 그렇지 요리한 후의 결과물을 보면 정말 깜짝 놀라고 만다. 달걀프라이만 해봐도 안다. '달걀프라이라고 해봤자 뭐 특별할 게 있겠어?'라고 생각한다면 오산이다. 바삭바삭 겉이 과자처럼 구워진 흰자와 적당히 살짝 익은 노른자의 조화가 기가 막힌 프라이를 비빔밥에라도 올려 먹는다면, 그 특별함은 이내 즐거운 미소를 가져다준다. 가끔 채썬 감자를 넉넉하게 기름을 두르고 소금 살짝 뿌려 약불에 바삭하게 앞뒤로 구워 그뤼에르 치즈를 그레이터로 갈아서 듬뿍 올리고, 수란 하나 얹으면 스위스의 〈뢰스티roesti〉* 부럽지 않은 맛이 된다.

*뢰스티(rosti) 생감자를 갈아 둥글게 부친 스위스의 대표적인 가정식. 바삭바삭하고 노릇하다는(crisp & golden) 의미이다. 베이컨, 양파, 햄, 버섯 등 여러 재료와 곁들여 먹기도 한다.

내가 산 곳 ES리빙, 남대문시장 대도상가 3층 본텍
살 수 있는 곳 ssg.com

4 에그홀더 Egg Holder

깜찍하고 귀엽기도 한 에그홀더는 주로 브런치 식탁에 자주 등장하는데, 한 사람 한 사람에게 삶은 달걀을 올려주면 좀 더 대접받는 느낌이 들어 좋다. 노른자가 주르륵 흐를 정도로만 달걀을 삶아 트러플 소금을 살짝 뿌려서 데치거나 구운 아스파라거스나 길쭉하게 잘라 노릇하게 구운 토스트를 찍어 먹곤 하는데, 귀여운 홀더 안의 달걀을 홉홉거리면서 먹는 재미가 쏠쏠하다.

내가 산 곳 미국 여행중 Williams Sonoma 매장
살 수 있는 곳 VBC Casa, 리빙윈도, tg우드웨어

5 레몬 스퀴저 Lemon Squeezer
레몬즙을 짤 수 있는 스퀴저는 스틸이나 플라스틱 등 여러 소재와 형태로 2~3개 있지만, 어쩐지 가장 자주 집어 드는 것은 나무로 된 이 스퀴저이다. 모양이 예쁘기도 하고 그립감도 좋은데다, 짜낸 싱싱한 레몬즙이 깊게 파인 홈 사이로 흐른다. 메이플시럽, 민트, 탄산수를 더해 레모네이드를 만들어 먹곤 하는데, 그 모양 자체로 멋스러워 푸드 스타일링을 할 때 자주 등장시킨다.

내가 산 곳 1300K
살 수 있는 곳 글로벌바이

6 허니 디퍼 Klawe Honey Dipper
요리잡지의 예쁜 요리사진에나 등장할 것만 같은 허니 디퍼는 사실 꿀을 꽤 요긴하게 다룰 수 있는 실용적인 도구이다. 꿀은 점성이 높아 여간 다루기 힘든 게 아니다. 꿀을 작은 접시에 적당량 담고 허니 디퍼를 넣어 살살 돌려 꿀을 묻힌 다음, 뿌리고자 하는 곳 위에서 힘을 조절하면서 살살 돌리면 원하는 만큼의 꿀을 뿌릴 수 있다. 되도록이면 호두나무, 체리나무, 너도밤나무 등 좋은 나무로 만든 제품을 구비하면 대를 두고 물려줄 수 있다.

내가 산 곳 1300K, 현대백화점 판교점 지하식품매장
살 수 있는 곳 커먼키친, 클라베

7 티캐디 스푼 Karel Tea Caddy Spoon
차를 좋아하는 사람이라면 하나쯤 마련해놓으면 좋을 티캐디 스푼은 스푼 하나가 10g으로 계량도 편리하여 차 마실 때마다 또는 '얼그레이 마들렌' 등을 베이킹할 때마다 요긴하게 사용하고 있다. 반짝반짝 닦아두면 차 마시는 시간마저도 더 향기롭고 빛나게 해주니 어찌 사랑하지 않을 수 있겠는가.

내가 산 곳 카렐차페크(일본)
살 수 있는 곳 11번가, 카렐차페크

8 다목적 가위 Fiskars Moomin Scissors
내가 집착하는 도구 중 하나가 가위이다. 집에서 쓰다보면 워낙 잘 없어지기도 하고 칼날이 잘 무뎌지면 가위질이 안 되기도 해서 꽤 심혈을 기울여 고르고 넉넉하게 준비해둔다. 공작용이나 문구용이라면 문구점에서 쉽게 구할 수 있는 평화가위도 꽤 훌륭하지만, 주방에서는 꼭 이 피스카스의 가위를 사용한다. 핀란드에서 만들어진 이 제품은 가볍고 그

립감도 좋은데다가 날이 적당히 예리해서 잘 잘라진다. 북유럽스러운 무밍 프린트를 비롯하여 기분이 좋아지는 형광컬러, 심플한 블랙 앤 화이트 등 컬러와 디자인이 다양해서 1~2개 정도 구비하면 참 좋을 것 같다.

내가 산 곳 이노메싸, 루밍, Hpix
살 수 있는 곳 텐바이텐

9 미니 구리소스팟 Mauviel Copper Pot

잼이나 퓌레를 만들 때 열전도율이 높아 구리 소재의 냄비만큼이나 좋은 것도 없다는 사실은 이미 많은 사람들이 알고 있지만, 그렇다고 가격이 어마어마한 커다란 구리 잼팟을 살 수는 없는 노릇이었고, 아쉬운 마음에 미니사이즈를 샀는데 결과는 대만족이었다. 캐러멜 소스를 만들거나, 과일 퓌레를 만들 때, 그레이비 소스나 우스터소스를 만들 때 딱 먹기 좋은 양만 만들 수 있어 좋기도 하고, 무엇보다 깜찍하고 앙증맞은데다 구리만이 갖는 빈티지함 때문에 푸드스타일링할 때도 자주 등장한다.

내가 산 곳 아마존닷컴
살 수 있는 곳 지지숨

10 그 밖의 구리제품

초미니 소스팟, 초미니 채반, 까눌레 모양틀 등은 사실 사용은 안 하지만 부엌에 장식해두는 것만으로도 멋스럽다.

내가 산 곳 지인이 열었던 벼룩시장. 아마도 프랑스에서 구입한 듯.

11 징크 트레이 Madame Stoltz Zinc Tray

마켓컬리의 푸드 디렉터로 수많은 아이템을 촬영하고 요리하면서 제일 많이 집어든 식기가 아마도 이 징크 트레이일 것이다. 오죽하면 마음이 급할 때 "내가 제일 좋아하는 접시 가져다주세요!"하고 어시스턴트에게 부탁했을 정도이니 말이다. 징크 소재라 고급스러우면서 빈티지한 멋도 있는데 어떤 음식을 매칭해도 예뻐서 참 애정하는 아이템이다. 이런 마음을 소비자도 읽었는지 어디 제품이고, 어디서 살 수 있는지 가장 문의를 많이 받기도 했었다. 산에 약해 블루베리나 레몬을 놓으면 색이 변하는데 그마저도 멋스럽다.

내가 산 곳 씨엘클레르

12 베이컨 프레스 Bacon Press
돼지가 귀엽게 그려진 돼지모양의 베이컨 프레스는 파니니 프레스 부럽지 않은 만능 조리도구이다. 멜란자네를 만들 때 가지의 수분을 빼거나, 그라브락스 만들 때도 올려놓을 수 있고, 심지어는 리코타 치즈를 굽힐 때도 올려둔다. 그뿐이랴 본연의 임무인 파니니를 만들 때 꾹 눌러 올려놓기만 해도 카페 부럽지 않은 근사한 파니니를 만들 수 있다. 그릴자국이 선명하고, 치즈가 주욱 흘러내리는 파니니 어렵지 않다. 이 베이컨 프레스만 있다면 말이다.

내가 산 곳 아마존닷컴
살 수 있는 곳 간바테 닷컴, Norpro

13 빈티지 커트러리 Vintage Cutlery
멋진 테이블은 어떤 요리를 만들었는지, 그것이 어디에 담겼는지가 중요하겠지만, 그런 훌륭한 테이블에 마침표를 찍는 것은 '커트러리'라고 생각한다. 때로는 향수를 자아내고, 때로는 우아하고 고급스러운 테이블을 완성하는 빈티지 커트러리는 내가 가지고 있는 키친웨어 중에서 가장 아끼는 것들 중 하나인데, 문제는 시중에서 쉽게 구할 수 없다는 거다. 그래서 더 소장가치가 있기도 하고…… 여행할 때나 외국에 나가는 지인을 통해서 또는 이태원 빈티지마켓이나 각종 플리마켓에서 하나 둘 사 모은 빈티지 커트러리들은 실제 식탁에서나 푸드스타일링할 때 보석 같은 존재로 반짝인다.

내가 산 곳 이태원 빈티지마켓, 각종 플리마켓

14 멜라민 주걱 Franc Franc Rice Paddle
밥알이 전혀 붙지 않는 멜라민 주걱에 반해 나무주걱 대신 사용한지 오래되었다. 특히 프랑프랑의 이 귀여운 밥주걱은 블랙의 세련된 컬러에 토끼모양의 손잡이가 그립감도 좋아서 2개나 사다놓고 번갈아가며 쓰고 있다.

내가 산 곳 프랑프랑(오사카)
살 수 있는 곳 스마일미라, '프랑프랑 주걱'으로 검색하면 판매하는 곳이 많다.

15 포슬린 수프볼 Apilco Porcelain Soup Bowl
워낙 수프를 좋아하는 나인지라 집에 수프볼이 참 많은데, 특히나 하얀 우윳빛의 이 포슬린 수프볼을 가장 좋아한다. 바닥이 깊어 프렌치 어니언수프처럼 건더기가 듬뿍 들어간 요리를 담을 때 이보다 좋은 식기는 없다. 마치 프랑스의 어느 노천카페에서 수프를 먹는 듯한 대접 받는 느낌도 준다. 그래서 손님을 초대하는 날, 가장 먼저 집어 드는 그릇 중 하나가 이 수프볼이다.
내가 산 곳 신세계백화점 강남점 피숀
살 수 있는 곳 윌리엄스 소노마(해외직구)

16 집게 스쿱 Pin Scoop
예전에야 커피믹스가 전부였지만 이제는 좋은 원두를 로스팅해서 신선할 때 조금씩 갈아서 직접 내려 먹는 사람이 많아졌다. 하루에 커피 대여섯 잔은 마시는 헤비 커피 유저이자 마니아로서, 이 집게 스쿱 만큼이나 매력적인 키친툴도 드물 것이다. 원하는 만큼의 원두를 손쉽게 스쿱으로 뜨고, 커피원두 봉지를 손잡이부분의 집게로 꽉 밀폐시킬 수 있으니, 누가 만들었는지 참 머리 한번 잘 썼다. 아마도 나처럼 커피를 매우 사랑하는 커피애호가겠지?
내가 산 곳 현대백화점 판교점 지하식품매장(Hay 브랜드)
살 수 있는 곳 까사라이크

17 달걀 분리기 Stuio M Egg Seperator
일본에서 가장 트랜디하고 심플한 도기를 만드는 스튜디오 M의 달걀 분리기이다. 소재가 도자기라 손에 닿는 촉감도 좋고, 흰자와 노른자를 분리해야 하는 베이킹을 할 때 꼭 빠지지 않고 사용한다. 달걀 세퍼레이터, 레몬 스퀴저 등의 기능별 도기를 따로 장착할 수 있어 용도에 따라 골라 쓴다. 무엇보다 좋은 건 너무 예쁘다는 사실. 주부에게 이만큼 매력적인 도구가 또 있을까?
내가 산 곳 선데이 로스트

⑮

⑯

⑰

⑱

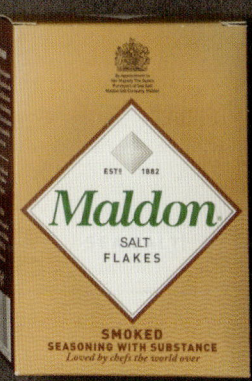
⑲

⑳

㉑

㉒

㉓

㉔

MY KITCHEN TOOLS STORY
04
FOOD ITEMS
애 정 하 는   식 재 료

불과 5년 전만 해도 요리 한번 하려면 식재료를 구하는데 어려움이 많았다. 나처럼 다른 나라 요리, 다른 나라 식재료에 관심이 많은 사람에겐 특히 더 그랬다. 마파두부를 만드는데 사천페퍼를 구하지 못한다거나, 똠얌쿵을 만들고 싶은데 레몬그라스가 없다거나, 이제는 동네 대형마트에만 가도 쉽게 살 수 있는 바질이며, 로즈마리를 구하지 못해 건조 허브를 사용하거나 아예 넣지 않고 요리하는 일이 비일비재했었다.

삶의 질이 향상되면서 사람들은 '먹는 것'에 열광하기 시작했다. 보다 다양한 미식을 즐길 수 있는 여러 카테고리의 다이닝이 생겨났고, TV와 유투브에는 각종 쿡방과 먹방이 생겨났으며, SNS와 스마트폰의 대중화는 맛있는 것을 훨씬 쉽고 편하고 다양하게 즐길 수 있는 여러 정보를 제공하게 되었다. 사실, 아주 특이한 식재료가 아닌 다음에야 마음만 먹으면 원하는 재료를 쉽게 살 수 있는, 그래서 요리하는 사람에게는 최적화된 세상에 살고 있는 지금, 내가 정말 사랑하고 먹는 순간 감동하는 여러 식재료를 소개해보려 한다.

1 트러플 발사믹 비니거 Casanova Balsamico al Tartufo Truffle Balsamic Condiment
트러플은 단 몇 방울만으로도 먹는 이를 사로잡는 묘한 매력의 식재료이다. 백송로버섯 향이 아찔한 트러플 발사믹 비니거와 신선하고 좋은 올리브오일만 있다면 갓 구운 빵을 찍어 먹어도 좋고, 간단한 샐러드 드레싱으로도 그만이다. 나는 가끔 딸기가 콕콕 박힌 하겐다즈 아이스크림에도 이 발사믹 트러플로 마지막 터치를 해주는데, 으음…… 그 맛은 독자 여러분의 상상에 맡긴다.
내가 산 곳 마켓컬리
살 수 있는 곳 카사노바

2 월계수잎 Morton and Bassett Bay Leaves
서양요리를 잘 모르는 사람이라도 월계수잎은 친숙한 허브일 것이다. 말린 월계수잎은 수프, 스튜, 육수를 낼 때 또는 고기 잡내를 없앨 때 유용하게 쓰이는데, 우리 집 찬장 안에 빼곡하게 놓여 있는 향신료 중에서 내가 가장 자주 사용하는 재료가 아닐까 싶다. 사실 여자라면 예쁜 패키지의 제품에 손이 더 가게 마련인데, 모턴의 이 월계수잎 병은 나도 모르게 장바구니에 담고 싶은 충동을 불러일으킨다.
내가 산 곳 킴스클럽

3 애플사이더 식초 Huilerie Beaujolaise Vinaigre de Cidre
요리에서 재료만큼 중요한 것은 없다. 좋은 식초를 먹어보면 이 말에 고개를 끄덕끄덕하게 될 거다. 식초만큼 우리가 마트에서 무심히 집어드는 재료도 없겠지만, 좋은 식초는 깔끔한 신맛, 개운한 단맛이 가득하다. 반면에 빙초산이 들어간 시판 식초는 매우 떫떠름하고, 눈살이 찌푸려지는 복잡하고 머리가 아파지는 신맛이다. 신선한 레몬즙이 입 안에 닿으면 우리는 꽤 상쾌하고 기분 좋은 신맛에 미소 짓게 된다. 좋은 식초가 딱 그런 맛이다. 주방에 좋은 식초 하나 정도는 갖춰 놓자. 식탁의 품격이 달라진다.
내가 산 곳 엔비노

4 염소젖 치즈 Rulo Queso de Cabra
시큼털털하지만 입 안에서 가볍게 부서지며 독특한 풍미를 남기는 염소젖 치즈는 약하지만 그 독특한 향과 풍미 때문에 호불호가 갈리는 치즈다. 하지만 이제는 쉽게 구할 수 있는 차이브, 딜, 파슬리 등을 잘게 다져 넣어서 질 좋은 올리브오일과 함께 딥을 만들거나,

크래커에 발라먹거나, 갈레트 안에 듬뿍 넣으면 기존에 먹던 향이 강하고 짭짤한 치즈의 풍미와는 다른 독특한 매력을 느낄 수 있다.
내가 산 곳 현대백화점 판교점 지하식품매장
살 수 있는 곳 마켓컬리

5 메이플시럽 Butternut Mountain Farm Organic Maple Syrup
단풍나무의 수액에서 채취하여 만든 메이플시럽은 자연 상태로는 희미한 단맛이 느껴지는 묽고 맑은 액체인데, 끓여서 졸이면 짙고 달콤한 시럽이 된다. 그런데 이 단맛이 설탕과는 다른 매우 섬세하고 스모키하고 깊은 풍미가 있는 단맛이라서 늦은 일요일 아침, 팬케이크를 굽거나 과일에 무언가 달콤한 것을 믹스하고 싶을 때, 밀크티나 스무디를 만들때 등 우리 집에 떨어질 날이 없는 재료이다. 기분이 축 처져서 달콤한 것이 당길 때 눈처럼 하얀 바닐라 아이스크림에 피칸을 듬뿍 부숴 넣고 메이플 시럽을 뿌려 먹는데, 우울함과 피로가 단번에 날아갈 정도다. 이건 정말 누구라도 맛보아야 한다.
내가 산 곳 신세계백화점 식품매장, 쿠팡
살 수 있는 곳 마켓컬리

6 유기농 코코아 파우더 Organic Baking Cocoa
이 코코아 파우더를 만나기 전에는 살짝 자줏빛이 도는 매력적인 브라운 컬러의 진한 발로나 코코아 파우더를 베이킹할 때 주로 사용했었다. 그 까다롭다는 USDA Organic(미국에서 유기농제품의 생산부터 유통까지 모든 과정 검사에 합격한 제품) 인증을 받았을 뿐만 아니라, 공정무역제품이라 작은 규모 농가의 농부들에게도 도움이 되고, 맛도 좋고, 패키지마저 예쁘니 더 이상 말이 필요 없는 제품이다. 브라우니 만들 때, 갸또 쇼콜라 만들 때 부담 없이 집어 들지만 추운 한겨울에 우유를 끓여서 메이플 시럽을 듬뿍 넣어 핫초콜릿을 만들어 먹어도 맛있다.
내가 산 곳 아이허브

7 정어리 통조림 Sardines, A L'huile D'olive Vierge Extra
프랑스 여행을 다녀온 친한 에디터 동생에게서 선물로 받은 정어리 통조림. 프랑스에 가면 우리나라의 참치 통조림처럼 매운 양념, 고추, 마늘에 절여진 정어리 통조림을 흔히 찾아 볼 수 있다고 한다. 물론, 생물 꽁치, 참치만큼 맛있겠냐마는 가끔은 통조림 꽁치를 듬뿍 넣은 김치찌개나 참치가 실하게 들어있는 볶음밥을 먹고 싶은 그런 날이 있다. 비릿하지만 통조림 특유의 고소함이 가득한 이 정어리 통조림은 심지어 올리브오일에 재워져 있는데, 레몬과 곁들여 샌드위치를 만들거나, 바게트를 구워 버터를 듬뿍 바른 다음 이것을 얹어 먹는 것도 별미.
내가 산 곳 프랑스의 어느 식재료품 가게
살 수 있는 곳 마켓컬리

8 마담 로익 크림치즈 Paysan Breton Madame Loïk
맛보는 순간 첫눈에 반해 몇 통을 비웠던 몽글몽글하고 부드럽고 감칠맛 가득한 마담 로익의 크림치즈는 사내 제품 검토회의 때 강력하게 추천하여 회사에서는 베스트셀러 3에 들 정도로 인기가 많았던 치즈다. 입 안 가득 부서지는 우유의 풍미와 고소함이 그대로 전달되는 듯한 이 미치도록 크리미하고 부드러운 치즈는 심지어 여러 가지의 맛을 선보이는데, 내가 가장 사랑하는 것은 연어맛 크림치즈이다. 두툼한 베이글을 반으로 갈라 오븐이나 프라이팬에 구운 다음 크림치즈를 싸악 발라주면 섬세하게 녹는데 이 때 좋아하는 채소나 연어, 햄을 얹어 곁들여 먹으면 그 맛은 정말 표현하기조차 어려울 정도로 훌륭하다
내가 산 곳 마켓컬리

9 아마레나 체리시럽 Amarena Fabbri Fruit and Syrup
아마레나 체리는 이탈리아에서 재배되는데 작고 꽉 찬 단맛과 풍미를 자랑한다. 처음에 이 시럽병을 발견했을 때는 푸드 스타일리스트로서 맛에 대한 호기심과 함께 패키지에 대한 흥미 때문에 구매했었다. 중학생 시절, 집 근처 뒷골목에 아마레나 체리맛이 나는 아이스크림을 파는 가게가 있었다. 체리절임과 아이스크림 한 덩이를 기계에 넣고 쭉 밀면 부드러운 텍스처의 크림에 체리가 적당히 뭉개져 있었던 그 맛있던 아이스크림. 그때 맛봤던 단맛 가득하고 은은하게 퍼지는 새콤한 아마레나 체리의 강렬한 첫인상! 가장 좋아하는 과일 top 3에 체리가 들 정도로 너무 좋아하는 과일이지만, 레이니어 체리rainier cherry만큼이나 사랑하는 게 이 독특한 풍미의 아마레나 체리다. 이렇게 매력 많은 체리로 담근 이 시럽은 병도 예쁘지만 맛도 기가 막히다. 아이스크림이나 요거트에도 얹어 먹지만, 나는 몇 개를 집어 들고 오물거리면서 먹는 것을 좋아한다. 가끔 우유에 넣어 휘휘 저어 먹기도 하는데 우유의 고소함과 입에서 톡 터지는 체리의 조화가 매력적이다.
내가 산 곳 SSG푸드마켓
살 수 있는 곳 치즈파티

10 트러플 허니 Tartuf Langhe Miel con Tartufo Bianco
이 작은 사이즈의 꿀병은 그야말로 내게는 숨겨 놓은 '꿀단지'이다. 동결건조한 백송로가 들어가 아찔한 향을 풍기는 이 작지만 맛있는 꿀은, 빵에 찍어 먹거나 딸기나 토마토에 살짝 터치를 더해주는데, 꿀의 달콤함과 트러플의 우아한 풍미를 동시에 느낄 수 있다. 먹어 보면 왜 우리 집 찬장에 깊숙이 숨겨져 있는지를 이해하게 될지도 모른다.

내가 산 곳 라이프 디자인

11 브리티시 구스베리 시럽 British Gooseberries in Light Syrup
시고 달콤하고 상큼한 구스베리는 유럽에서 나는 귀한 식재료이다. 고기나 생선의 기름진 맛을 상쇄시키는 산뜻한 맛으로 타르트의 필링이나 졸여서 퓌레로 사용하는데, 익숙하지 않은 독특한 상큼한 맛이다. 미트볼에 곁들일 퓌레로도 종종 사용하는데, 왠지 가보지도 않은 북유럽과 어릴 적 즐겨보던 만화 〈닐스의 모험〉이 떠오르는 그런 맛이다.

내가 산 곳 홈플러스

12 사비니 타르투피 트러플 치즈 Savini Tartufi Truffle Cheese
세계 3대 진미 중 하나인 트러플과 파마산 치즈의 조합이라니! 이 두 막강하고 맛있는 재료의 조합은 먹는 이가 누구든지 간에 엄청나게 매료되고 말 거라고 누구라도 예측할 수 있다. 빵에 그냥 발라 먹어도 '으음~~' 하는 탄성이 절로 나오지만 파스타라도 만들어 먹게 되면 이건 뭐, 일류레스토랑에서 먹는 그 맛과 다를 바가 없다. 크리미하고 부드러운 질감, 묵직하고 풍성한 트러플 향취에 반하는 트러플 치즈는 집에 귀한 손님이라도 오게 되면 살며시 내는 우리 집 비장의 식재료이다.

내가 산 곳 마켓컬리

13 게랑드 소금 Le Paludier Guérande Fleur de Sel
프랑스 게랑드 지방의 청정해역에서 생산되는 '플뢰르 드 셀'은 직역하면 '소금의 꽃'이라는 뜻이다. 염전 표면에 떠 있는 소금을 염부paludier가 직접 손으로 수확한 천연소금으로 미네랄이 풍부하고 염화나트륨의 함량은 낮다. 바이올렛 향의 풍미, 약간의 단맛과 부드럽게 다가오는 짠맛, 그리고 감칠맛이 일품이라 반찬에 사용하기보다는 고기를 마리네이드할 때, 생선 간할 때, 드레싱 만들 때 살짝 던져주는 터치로 사용한다.

내가 산 곳 마켓컬리

14 밤 스프레드 Crème de Marrons de L'ardeche
2015년 SNS에 파리 안젤리나ANGELINA의 밤 스프레드가 심심찮게 등장하곤 했었다. 집에서 잔뜩 삶은 밤과 생크림 설탕만으로 밤크림을 만들어본 적이 있었는데, 그 꽉 차고 가득한 단맛과는 조금 다른 느낌이지만, 몽블랑의 달콤함을 대체해줄 만한 꽤나 만족스러운 맛이라 가끔 토스트에 쭉 짜서 먹거나 아이스크림과 곁들여 먹곤 한다. 달지 않은 스콘과도 근사하게 잘 어울린다. 단것에 길들여지지 않은 입맛이라면 아마 좋아하게 될 거다. 특히 전혀 밤 스프레드스럽지 않은 고급스럽고 예쁜 패키지라 더 손길이 간다.

내가 산 곳 프랑스의 어느 상점. 음식 좋아하는 나를 위한 에디터 동생의 선물

15 클레버걸 베이킹파우더 Clever Girl Baking Powder
집에서 빵이나 과자를 굽고 싶은 마음이 들 때가 있다. 밀가루, 달걀, 버터, 설탕 정도야 구하기 쉬운 재료들이고 마음만 먹으면 집 앞 수퍼에서도 살 수 있지만, '이것' 때문에 포기하는 경우가 종종 있다. 바로 베이킹파우더이다. 아주 오래전만 해도 방산시장에나 가야 구할 수 있었던 베이킹파우더는 빵을 부풀리는 역할을 하는데, 이제는 가까운 마트의 베이킹 코너에서도 흔하게 볼 수 있을 정도로 대중화되었다. 예쁜 패키지에 반해서 미국 여행시 단숨에 사버린 이 베이킹파우더는 10년이 넘도록 보충해 넣으면서 써서 패키지 겉면이 녹슬고 낡았지만, 국내에서도 이렇게 예쁘고 앙증맞은 디자인의 베이킹파우더를 쉽게 찾을 수 있으니 베이킹을 마음먹고 있다면 꼭 준비해두면 어떨까 싶다.

내가 산 곳 Ralphs
살 수 있는 곳 홈플러스나 이마트 브레드가든

16 베피노 오첼리 버터 Beppino Occelli Butter
버터하면 프랑스라고 생각할지 모르지만, 이탈리아에서 온 이 크림맛 가득한 버터는 너무도 매력적이라 한 번 맛보면 도무지 멈출 수가 없다. 신선한 우유를 발효해서 바로 만든 것 같은 풍부하고 깊은 단맛, 고소한 우유맛이 마치 부담 없이 깔끔한 크림을 먹는 듯한 느낌이다. 특히 나는 고기 먹을 때 무쇠팬을 충분히 달구고 이 버터 한 조각을 녹여 센불에 대파 흰부분을 소금과 후추를 살짝 뿌려 구워 먹는다. 대파의 그 시원하고 달큰한 맛이 불에 그을려진데다가 부드럽고 고소한 크림의 여운이 고기보다는 파를 더 먹게 만드는 그런 맛이랄까? 늦은 아침 모닝빵에 살짝 녹은 버터를 발라 먹는 것도 일품이다.

내가 산 곳 현대백화점 판교점 지하식품매장
살 수 있는 곳 엔비노

17 잉글리시 머스터드English Mustard

톡 쏘는 강렬한 겨자향의 잉글리시 머스터드는 겨자 종류 중에서 가장 매운 맛을 낸다. 마요네즈에 살짝 섞어서 샌드위치에 발라 먹거나 올리브오일과 화이트와인 식초와 함께 드레싱을 만들거나 '셰퍼드 파이' 레시피에서 제안한 것처럼 우스터소스와 함께 넣으면 묘한 향과 함께 깊은 감칠맛을 선사한다. 개인적으로 디종 머스터드 다음으로 좋아하는 겨자소스이다.

내가 산 곳 홈플러스

18 케이퍼Waitrose Nonpareille Capers

케이퍼를 모르는 사람이라도 연어에 다진 양파와 함께 한두 알 올려서 먹어본 경험은 다 있을 것이다. 새싹에서 향료를 채취하고 꽃봉오리로 피클을 만든다. 겨자처럼 톡 쏘는 매운 맛과 개운하고 상큼한 향이 나서 육류나 생선을 먹을 때 비린 맛을 감소시키고 풍미는 배가 된다. 나는 잘게 다져서 육류와 먹기도 하고 토마토 소스가 들어간 수프를 만들 때에도 넣어 감칠맛을 더한다. 그뿐인가 신선한 광어에 올리브오일을 살짝 두르고 케이퍼에 매실액과 식초 몇 방울 떨어뜨려 가니시로 얹는데, 마치 고급 레스토랑에서 세비체 ceviche 먹는 것 같은 기분이 든다.

내가 산 곳 SSG 푸드마켓

19 블랙트러플 올리브오일A L'olivier Black Truffle

특별히 블랙트러플의 아로마가 강하게 느껴지지는 않지만, 가끔 크림이 들어간 파스타에 파이널 터치로 사용하거나 과일 베이스의 식초에 넣어 드레싱을 만들곤 하는데, 몇 방울만으로도 고급스럽고 섬세한 요리가 완성된다.

내가 산 곳 SSG 푸드마켓

20 말돈 훈연소금 플레이크Maldon Smoked Salt Flakes

전 세계 Top 셰프들이 가장 사랑한다는 영국 태생의 말돈 소금을 처음 만난 때를 기억한다. 지인이 구워준 촉촉하고 진한 초콜릿케이크에 뿌려진 몇 개의 소금 플레이크에서 나는 정말 천국의 맛을 보았다. 말돈 소금은 바닷물을 끓여 결정을 얻어낸 자염으로, 바닷물을 가열하는 과정에서 불순물이 모두 제거되어 깨끗하고도 산뜻한 맛을 자랑한다. 마치 눈꽃처럼 보이는 결정은 매우 아름답기까지한데 손으로 만질 때의 바스락거리는 감촉이 매우 재미있다. 말돈 소금에 영국 정통방식으로 훈연하여 정교한 풍미를 가미시킨 훈연 소금은 이게 소금인지 믿기지 않을 정도로 스모키한 향을 지닌다. 갓 구워낸 고기에 찍어 먹기도 하는데, 화학적으로 추출한 가공 소금의 맛에 길들여져 있다면 이 소금이 지닌 풍미와 매력은 가히 충격에 가까울 정도로 매력적이다.

내가 산 곳 마켓컬리
살 수 있는 곳 말돈솔트 컴퍼니

21 산마르자노 홀토마토 Afeltra San Marzano Tomato Sauce

산마르자노 홀토마토 통조림 속 토마토를 한 개 집어 먹으면 농축된 토마토의 단맛과 신맛이 입 안 가득 퍼져 꽉 찬 듯한 느낌을 준다. 자극적인 조미료가 들어간 시판 토마토소스에 길들여져 있다면 이 맛이 굉장히 낯설고 어색할지도 모른다. 그러나 세계에서 가장 맛있다고 하는 산마르자노산 토마토로 만든 홀토마토 통조림으로 토마토소스 스파게티를 만들거나, 라구소스를 만들거나, 라자냐를 만든다면 토마토 본연의 자연스러운 단맛과 신맛에 중독되고 말 것이다.

내가 산 곳 이틀리(Eataly)
살 수 있는 곳 라피아만테

22 스리라차 핫칠리 소스 Sriracha Hot Chili Sauce

초록색 뚜껑에 닭이 그려진 스리라차 소스는 태국의 쥐똥고추로 만들어 칼칼하게 맵지만, 입 안에 남는 기분 좋은 신맛과 감칠맛으로 세계적인 인기몰이를 했던 마성의 핫소스이다. 베트남 쌀국수에 호이신 소스와 함께 넣기도 하고, 월남쌈이나 분보싸오에 곁들여 먹는 등 원래는 베트남 음식에 주로 사용되었지만, 베트남에서 고추를 재배해 팔던 데이빗 트란이 미국 망명 후 고추로 핫소스를 만든 것이 시작이 되어 〈후이 퐁 푸드Huy Fong Foods〉의 스리라차 핫칠리 소스는 세계인들의 입맛을 사로잡았다. 반미를 만들 때 마요네즈와 섞이면 믿을 수 없는 부드러움과 톡 쏘는 매운 맛을 선사하고, 국수요리, 파인애플을 듬뿍 넣은 볶음밥, 심지어는 피자에도 곁들여 먹어도 맛있으니 이만하면 만능 핫소스가 아닐 수 없다.

내가 산 곳 사러가쇼핑, 홈플러스
살 수 있는 곳 대형수퍼마켓, 온라인 쇼핑몰

23 세빌리아 오렌지 발사믹 글레이즈 Belberry Seville Orange Balsamic Glaze

발사믹 글레이즈는 이미 우리의 식탁에 올라온 지 오래다. 농익은 토마토에 신선한 바질, 부드러운 부라타 치즈를 곁들여 카프레제를 만들 때 주로 사용하는 것이 발사믹 글레이즈지만, 나의 경우는 보다 폭넓게 이것을 사용한다. 체리나 딸기, 살구, 수박 심지어는 무화과 같은 과일에 뿌려서 단독으로 먹거나 바게트 위에 얹어 먹기도 하고, 샐러드 드레싱으로도 사용하지만 대구나 광어 같은 흰살생선에도 자주 사용하고, 빵에 찍어 먹기도 한다. 무엇보다 맛있는 건 바닐라 아이스크림에 딸기를 듬뿍 얹고 발사믹 글레이즈를 뿌려 먹는 것이다. 여기에 바질 몇 장만 더해주면 그 놀라운 맛의 조합에 웃음이 난다.

내가 산 곳 현대백화점 판교점 지하식품매장, SSG푸드마켓
살 수 있는 곳 어반차일드

24 포켓 버터(가염 / 무염) Paysan Breton Butter

버터 성애자인 내가 맛있는 버터를 추천하려면 아마 책 한 페이지도 모자라겠지만, 여러 버터 중에서 부담 없이 자주 꺼내어 먹는 것이 이 페이장 브레통의 포켓버터이다. 아침에 꺼내서 살짝 녹게 놔두었다가 모닝롤이나 바게트에 듬뿍 발라 과일잼과 함께 먹어도 맛있지만, 스튜나 라구소스를 만들 때, 휘리릭 볶음밥을 만들 때 10g씩 소포장 되어 있어 편리하다. 또한 풍부한 버터향과 풍미, 많이 느끼하지 않은 뒷맛이 깔끔해서 무엇보다 자주 집어 드는 애정 아이템이다.

내가 산 곳 마켓컬리

EPILOGUE
몇 번이고 보게 만드는 진솔한 요리책

따뜻한 봄기운을 한껏 느끼며 본부장님을 만나러 그린쿡의 문을 두드린 지 벌써 일 년이 훨씬 지났다.
창가에선 눈이 부실 정도로 환한 햇빛이 책상 위 가득 찬 책들과 원고들에 쏟아져 내렸고, 마치 두세 번은 만난 것 같은 강한 친밀감으로 어색함 없이 본부장님과 이런 저런 이야기를 나누던 중에 문득 나에게 던지신 질문이 생각난다.

"수지 씨는 어떤 요리책을 쓰고 싶어요? 힙하고 트렌디한, 소위 말해서 요즘 유행하는 대세 요리책? 아니면 종이가 너덜너덜해질 정도로 몇 번이고 보게 만드는 그런 진솔한 요리책?"

나는 단 1초의 고민도 없이, 시간이 지나도 옆에 두고 오랫동안 읽을 수 있는 그런 요리책을 쓰고 싶다고 말씀드렸다. 내게는 첫 요리책이었고, 연일 베스트셀러 섹션을 점령하는 그런 요리책을 쓰고 싶다는 욕심이 없다면 거짓말이겠지만, 비주얼만 그럴듯하고 많은 고민 없이 써내려간 요리책에 염증을 느끼던 차였다.
따뜻함을 가득담은 진솔한 요리책, 레시피 이야기이기도 하지만 이제껏 내 인생을 지배해왔던 맛과, 사람과, 공간에 대한 기억을 가감 없이 솔직하게 보여주고 싶었다. 사실 레시피만 담아내는 요리책이라면 훨씬 더 오래전에 책이 출간되었을 지도 모른다. 이미 블로그에 미디어채널에 연재하던 레시피와 사진을 이용한다면 더 쉽게 책을 낼 수 있었겠지만 처음이어서 그랬을까? 맛있는 레시피가 가득가득 담기고, 카테고리가 잘 진열된 쇼윈도처럼 질서정연한 레시피북보다는, 마음이 따뜻해지는 요리와 그 요리에 대한 추억을 담고, 그 이야기를 읽는 독자의 입가에 미소가 지어지는 그런 책을 쓰고 싶었다. 내게는 각별했던 재료에 대한 이야기로 시작해서, 마치 여자 친구들이 테이블에 둘러앉아 "너 아보카도 먹어봤어?" 또는 "샬롯은 어떻게 요리해 먹어?" 하고 수다를 떠는 듯한 그런 책.

사실 그런 동기부여는 좋았지만, 직장생활을 하는 나로서는 원고를 쓰고 레시피를 정리하고 요리를 하고 촬영을 한다는 게 생각만큼 쉬운 일은 아니었다. 모처럼 휴일에는 상수동이나 당인동의 작고 허름한 카페에 하루 종일 처박혀 글을 써내려갔지만 생각만큼 글이 잘 써내려가지 않아 울상을 짓기도 하였다. 평소에 글 쓰는 것을 좋아한다고 생각하였지만 무언가 써내려가고 싶은 욕망이 몽글몽글거릴 때 자유롭게 블로그에 끄적거리는 글과 출간될 책의 원고를 쓰는 것은 엄연히 다른 일이었다.

그러나 지나고 보니 오롯이 혼자가 되어 글을 쓰고, 맛에 대한 추억을 되살리면서 가끔 웃기도, 코끝이 찡해지기도 했던 그 시간들이 참 소중하고 감사한 시간들이었다.

원고를 마치고 본격적으로 음식을 만들고 스타일링을 하고 촬영을 하던 시간들도 아마 잊지 못할 것 같다. 계절이 두 번이나 바뀌어 겨울이 되었을 때, 방학을 맞은 아이들을 할머니댁에 내려보내고 일주일 중 이틀은 책촬영, 이삼일은 회사촬영으로 무리한 일정을 소화할 수밖에 없는 상황이었다. 지독히도 추운 겨울이었고, 촬영에 필요한 재료를 사고, 콘티를 짜고, 촬영을 하느라 몸은 이미 지칠 대로 지쳤었지만, 그렇게나 충만하고 가득한 기쁨을 느꼈던 시간도 없었던 것 같다.

겨울의 햇살은 도도하고 차가웠지만, 실내의 따뜻한 온기와 부드러운 보사노바 음악, 집 안에 진동하는 와인이 들어간 스튜 냄새가 그렇게나 서로 잘 어울릴 수가 없었다. 호흡이 잘 맞는 세 사람과 함께 열심히 촬영하고 다함께 둘러앉아 맛있는 음식을 함께 나누던 시간들. 그동안 일에 치여, 잊고 있었던 '맛있는 것을 요리하고 함께 나누어 먹는' 내게 본질적인 즐거움을 주던 기억들, 그리고 그 감각들이 하나하나 되살아나던 그런 시간들이었다.

요리책을 처음 내는 저자가 자신의 처녀작에 갖는 가장 만연한 감정 중 하나가 아쉬움이라고 들 한다.

"조금 더 잘할 걸. 조금 더 잘 찍을 걸. 조금 더 욕심을 낼 걸……"

지금 같아선 책이 출간된다는 사실이 너무도 설레어 그런 감정들이 개입할 여지도 없어 보이지만, 아마 훗날 나도 비슷한 생각을 할지도 모르리라.
하지만 책을 위한 글을 쓰는 것도, 요리를 하는 것도, 모두 처음 하는 경험인지라 훗날 다른 책을 내게 된다 해도 이 처녀작에 대한 감정은 매우 애틋하고 미묘하겠지. 성격이 너무 달라 툭탁거리는 큰딸을 보면 매우 특별하고도 애틋하게 드는 그런 기분처럼 말이다.

부끄럽지만 이 책이 나올 수 있도록 보이는 곳에서, 보이지 않는 곳에서 물심양면으로 지원해준 친구들과 가족들에게 조심스럽게 감사의 마음을 전하고 싶다. 진부하지만 사랑한다는 말을 함께 담아.

2016년 9월

박 수 지

"친구야, 이거 요리해 봤어?"

요리가 빛나는 순간
마이 테이블 레시피
_____

펴낸이	유재영
펴낸곳	그린쿡
요 리	박수지
사 진	박여회
요 리 어시스턴트	정윤주
기 획	이화진
책임편집	이화진
디자인	스튜디오 고민
일러스트	박경원
협 찬	스켑슐트코리아 www.skeppshult-korea.com │ 070-4160-0011

1판 1쇄	2016년 9월 25일
1판 13쇄	2021년 11월 30일
출판등록	1987년 11월 27일 제10-149
주 소	04083 서울 마포구 토정로 53(합정동)
전 화	324-6130, 6131
팩 스	324-6135
E-메일	dhsbook@hanmail.net
홈페이지	www.donghaksa.co.kr
	www.green-home.co.kr
페이스북	www.facebook.com/greenhomecook
인스타그램	www.instagram.com/__greencook

ISBN	978-89-7190-571-5 13590

◆ 이 책은 실로 꿰맨 사철제본으로 튼튼합니다.
◆ 잘못된 책은 구매처에서 교환하시고, 출판사 교환이 필요할 경우에는 사유를 적어 도서와 함께 위의 주소로 보내주세요.
◆ 이 책은 저작권법에 따라 보호를 받는 저작물이므로 무단전재나 복제, 광전자매체 수록 등을 금합니다.
◆ 이 책의 내용과 사진, 그림의 저작권 문의는 주식회사 동학사(그린쿡)로 해주십시오.

GREENCOOK은 최신 트렌드의 요리, 디저트, 브레드는 물론 세계 각국의 정통 요리를 소개합니다. 국내 저자의 특색 있는 레시피, 세계 유명 셰프의 쿡북, 전 세계의 요리 테크닉 전문서적을 출간합니다. 요리를 좋아하고, 요리를 공부하는 사람들이 늘 곁에 두고 활용하면서 실력을 키울 수 있는 제대로 된 요리책을 만들기 위해 고민하고 노력하고 있습니다.